華盛頓D.C.自助

WashingtonD.C. 超簡單

郝英琪 · 文 · 攝影

目次 Contents

推薦序

華府是個好地方

華府是個好地方，原因之一是有太多地方值得一遊再遊、一看再看。如果有人導覽，則從「看熱鬧」進而「看門道」，不亦快哉。郝英琪小姐的《華盛頓 D.C. 自助超簡單》一書，正具備了這樣的功能。

有關華府的導覽書籍，市面上有不少中、英文著作。但是郝小姐這本不同，因為它強調「自助」，因此有關各個景點，不但有其背景概要、地址、電話，更說明如何前往，諸如搭哪線的捷運或公車等。同樣的，如果自行駕車前往，則在哪裡停車、何時是塞車時段（華府在前年超越洛杉磯，成為全美塞車第一名）、費用如何等，書中亦加以說明。

這本書的對象之一是在台灣的讀者，因此書中很體貼的逐一介紹相關步驟，從申請護照開始，申辦簽證（按：美國可望很快同意給予台灣免簽證待遇）、購買機票、辦理國際駕照、兌換外幣、準備國際電話卡、購買旅遊平安保險等，說明得清清楚楚。

書中附了美元的照片，包括紙鈔與硬幣；並且告訴讀者選擇怎樣的衣著、行李箱、攝影器材等。上網訂機票、訂旅館，有不少竅門，介紹之詳盡，等於是「省錢大全」。在美國如何給小費，如何打公用電話，遇到麻煩時如何求助等，本書也說明得鉅細靡遺。整體而言，其資訊之完整，不但到華府旅遊必備，即使赴其他各地亦可參考。

郝小姐有很深厚的人文素養與歷史情懷。書中介紹景點時，不時流露她是用「心」看華府，這不但提醒外來觀光客也用「心」旅遊，更讓我們這些久居華府的人再次省思這些景點的深刻意涵。

出國旅遊，一定要來華府；來華府，一定要帶著這本書。如果不來華府，藉著這本書，也可臥遊華府。

　　郝小姐曾經撰寫《美國，工讀旅遊》一書（華成出版），是其與同伴的親身經歷及感受。打工的辛酸與樂趣，旅遊的勞累與興奮，娓娓道來，令人回味無窮。我有幸拜讀，對於一位年輕女子如此深刻的觀察與體會美國，暗自欽羨。如今《華盛頓 D.C. 自助超簡單》在付梓之前，蒙她讓我先睹為快。

　　孟浩然的詩：「人事有代謝，往來成古今。江山留勝跡，我輩復登臨。」不來華府，何其可惜；若來華府，勿忘此書。

中國時報駐華府特派員

劉 屏

Part 1

認識 D.C. ─ 華盛頓特區

Washington D.C. 101

基本概念

華盛頓‧哥倫比亞特區

美國首府所在地，正式名稱是華盛頓‧哥倫比亞特區（Washington, District of Columbia），華盛頓市與哥倫比亞特區是重疊的兩塊轄區，故被合稱為華府，又稱特區，或簡稱 D.C.，除了是美國東岸大城與熱門觀光旅遊目的地，更是世界政治、經濟、文化與權力角逐鬥爭的中心。

華盛頓特區命名是以美國國父喬治‧華盛頓與紀念發現美洲新大陸的哥倫布，兩位美國發展史上的重要人物之名結合而來，由法國設計師皮埃爾‧查爾斯‧朗方設計，棋盤式街道井然有序，格局宏偉、廣闊平穩，超乎常人的遠見使 D.C. 成為舉世聞名的都市計畫經典。

美國憲法中明文確立並賦予 D.C. 作為永久首都的特別地位，不隸屬於任何一州，由聯邦政府直接管轄監督的特別行政區，實現國家屬於人民的意念。除了聯邦政府機關之外，D.C. 同時是世界各國使館、外派新聞記者的聚集地，以及許多遊說團體、公會和國際組織總部的所在地，例如世界銀行、國際貨幣基金組織和美洲國家組織等，居住著來自四面八方不同國家的人民，多元文化並存與種族融合的特質為 D.C. 增添了不同色彩。

見證了美國建國以降兩百多年間的動盪與發展茁壯過程，使得 D.C. 的一景一物都深富歷史感，加上美國戰爭史

美國國會大廈是 D.C. 最具代表性的建築

林肯紀念堂內莊嚴的林肯雕像

上的重大戰役紀念碑與歷任重要總統的紀念館均設立於此，並以擁有全美最佳的博物館、建築、紀念碑、餐廳等著稱，每年吸引約一千八百萬名遊客造訪。

歷史脈絡與軌跡

美國獨立革命建國成功後，曾短暫以紐約作為首府，後遷至賓州費城，當時國會授權美國首任總統喬治·華盛頓選擇新的首府所在地，但北方州與南方州對於設立位置各執己見。代表北方州的美國首任財政部長──亞歷山大·漢密爾頓，希望將首府設在北方以確保新政府來承擔革命戰爭債務；美國獨立宣言主要起草人、國務卿──湯瑪斯·傑佛遜，則力求將首府設在南方以期對當時的蓄奴農業有所助益。雙方同意的唯一解套方式是將首府設在中間地帶，直接新建一個不隸屬於任何一州的特別行政區域。

1790 年 7 月 16 日國會通過法案，以波多馬克河畔作為新都地點。初始構想為一個面積 100 平方英哩（約 260 平方公里）的菱形區塊，由維吉尼亞州及馬里蘭州政府捐贈建地，華盛頓曾建議以聯邦市作為新首府名稱，後新都被命名為華盛頓市以表彰他的貢獻。

朗方所規劃的首府都市藍圖，即是以 D.C. 作為美國永久首都為中心理念，開放式的空間與整體宏觀在在展現泱泱大國的氣度。他將街道以棋盤式排列，但在筆直延伸的街道中特別加入了十三條放射狀的主要道路，作為美國最早獨立十三州的象徵。國會大廈建在詹金斯山丘上（今日國會山莊）、總統府在與波多馬克河平行的小山丘上，市區內預先設置有公園與紀念堂預定地，交叉的道路間以圓環疏通，圓環內廣場未來可放置歷史偉人紀念雕塑等。除了這些可說是來自未來的獨特道路系統之外，朗方還規劃了一條 400 英呎寬、1 英哩長的人工林蔭大道（今國家大草坪），以及一條直接連通國會與白宮的捷徑（今賓夕法尼亞大道），但其大膽創新與獨特的道路系統規劃在當時不受青睞，並引發極大的爭議矛盾，

朗方見解獨到的城市規劃設計

堅持理念的朗方抑鬱而終,直到百年之後時間才證明了其高瞻遠矚。

D.C. 的人口成長是和戰爭與時俱進,南北戰爭爆發前 D.C. 人口僅有數千之譜,因應戰爭政府急遽擴張不斷增兵使人口爆增,二次世界大戰期間許多女性被招募來填補被送上戰場男性的工作。「對比」亦是 D.C. 另一個特色,這個城市裡西北上城區有著全美最富裕的鄰里,在東南區域則是相較不成比的低收入戶區。D.C. 超過半數的居民為非裔美國人,數世紀以來在此謀生發展的廣大黑人人口,塑造了 D.C. 獨特的歷史,展現了這個城市無比的文化包容性。

地理位置與鄰近城市

D.C. 地理位居美國東岸,北與巴爾的摩市間距車程約 1 小時、費城約 2 小時、紐約約 4 小時,西南面以波多馬克河為界與維吉尼亞州相接,其他三面與馬里蘭州相鄰。D.C. 原是一塊狀完整的菱形,1846 年維吉尼亞州向聯邦政府要回阿靈頓區,今日的 D.C. 便缺了一角,市區以國會大廈為中心區分為東北、東南、西北、西南四區,總面積 177 平方公

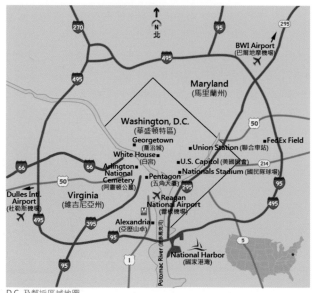

D.C. 及鄰近區域地圖

里，內含水域面積 18 平方公里，比台北市還小許多。

D.C. 以便捷的大眾運輸系統、地鐵、公路和鄰近的維吉尼亞州、馬里蘭州緊密連結，合稱華盛頓都會區，當提到 D.C. 時往往是概稱地鐵可達的廣泛區域。

語言與人口組成

主要使用語言為英語，僅有極少部分使用西班牙語、法語或其他語言。2010 年美國人口普查，統計 D.C. 總人口約六十萬，非裔占大多數，依膚色分布，黑人約 51％、白人約 35.5％、亞裔約 3.5％。

華盛頓 D.C. 及其周邊地區是全美第七大都會圈，總居民數達五百六十萬。周一至五的上班日，白天的 D.C. 有超過百萬的活動人口，比實際居民多了四十萬有餘，包含了上班族、學生、洽公和來旅遊觀光的遊客。在 D.C. 工作的人多是居住在 D.C. 外圍的通勤族，入夜之後整座城市便倏地沉靜下來。

季節氣候與時差

D.C. 位處北半球亞熱帶北端，氣候溫和，四季分明，降雨豐沛，年均溫為攝氏 12.1 度，1 月均溫為攝氏 1.6 度，7 月為全年最熱的月份，均溫為攝氏 26.2 度，年平均降雪量為 37 公分。入秋之後天氣涼爽，最為宜人。

	春	夏	秋	冬
高均溫	18 ℃	29 ℃	20 ℃	7 ℃
低均溫	8 ℃	19 ℃	10 ℃	-1 ℃

美國各州多採行日光節約時間，自每年 3 月第二個周日凌晨開始，至 11 月第一個周日凌晨結束，統一在凌晨兩點時做調整時鐘動作。日光節約時間（Daylight Saving Time）實施時，D.C. 較台北晚 12 小時，即台灣早上九點時，D.C. 仍在前一天的晚上九點，其餘非日光節約時間，則晚台北 13 小時。

華盛頓紀念碑

旅遊與人文景觀

多次被票選為前十大全美最適合步行的城市，便捷的交通網絡與容易辨識的道路系統，是自助旅行者的天堂，大城市的便利和古老城市的優雅兼容並蓄，市中心各主要景點與博物館都在步行可達距離。主要景點包括華盛頓特區象徵的白宮與國會大廈，紀念性建築如林肯紀念堂、華盛頓紀念碑、傑佛遜紀念堂、二次世界大戰紀念碑等。

藝文導向的景點包括甘迺迪藝術中心，以及分布在國家大草坪兩側的史密斯梭尼亞博物館和美術館群。而多元種族文化也是 D.C. 獨特的人文景觀，如各國使館、中國城區、黑人社區的 U 街、同志聚集的杜邦圓環等。

硫磺島紀念碑

在 D.C. 看不到如一般大城市裡高聳的摩天大樓，所有的建築都必須遵守高度不能超過其所在街道寬度外加 20 英呎的限制，使得華盛頓紀念碑成為 D.C. 最高的建築物，可以搭乘電梯到頂端飽覽 D.C. 美景。

其他值得一覽的還有猶太大屠殺博物館、舊郵政大樓、喬治城、國家大教堂、動物園及 D.C. 外圍的古老小城鎮。

亞當斯摩根區的大型壁畫

國家航太博物館

韓戰紀念碑

中國城牌坊

傑佛遜紀念堂

白宮

喬治城碼頭區

國定假日／ D.C. 各月節慶活動

美國的節日分為全國性的聯邦假日與傳統節日，各州也有權自定假日，假日適逢星期日，會順延至星期一慶祝；若為星期六，則改於前一日（即星期五）提前慶祝。各觀光景點常會舉辦相關活動，故若選在重要假日出遊，需預期人潮洶湧。許多節日的日期並不固定，可上聯邦政府網站查詢當年公告放假日。

Data

◎ 美國聯邦（全國性）假日查詢：
www.opm.gov/
Operating_Status_
Schedules/fedhol/
Index.asp

聯邦法定假日（Federal Public Holidays）

節日	日期
New Year's Day 新年	1 月 1 日
Birthday of Martin Luther King, Jr. 馬丁路德‧金恩博士誕辰紀念日	1 月第三個星期一
Washington's Birthday　總統日	2 月第三個星期一
Memorial Day 國殤日／陣亡將士紀念日	5 月最後一個星期一
Independence Day 國慶／獨立紀念日	7 月 4 日
Labor Day　勞工節	9 月第一個星期一
Columbus Day 哥倫布紀念日	10 月第二個星期一
Veterans Day 退伍軍人節	11 月 11 日
Thanksgiving Day 感恩節／火雞節	11 月第四個星期四
Christmas Day　聖誕節	12 月 25 日

其他美國傳統與流行節日

Valentine's Day　情人節	2 月 14 日
Saint Patrick's Day　聖派翠克日	3 月 17 日
Easter　復活節	3 月春分後月圓第一個星期日
Mother's Day　母親節	5 月第二個星期日
Father's Day　父親節	6 月第三個星期日
Halloween　萬聖節	10 月 31 日
Election Day　選舉日	11 月第一個星期一之後的星期二

D.C. 幾乎每個月都會有特殊活動或慶典舉辦，計畫何時拜訪 D.C. 時不妨將參加活動考慮進行程裡，必定會增添不少樂趣。

一月

恰逢馬丁路德‧金恩博士誕辰日，表彰與紀念民權領袖的活動與演唱會為期整個月在各處舉行。

二月

艾靈頓公爵蠟像

黑人歷史月，史密斯梭尼亞博物館各館與 D.C. 各區有一系列的相關展覽與電影節。中國城的春節大遊行與舞龍舞獅，已成為 D.C. 固定慶典。總統日周末，循例在白宮遊客中心、華盛頓故居維農山莊、亞歷山卓市與維州威廉斯堡殖民地都會舉辦各類紀念活動。其他還有國際美食美酒節、時尚周與狂歡節遊行等。

中國城新年遊行

三月

婦女歷史月，有許多向傑出女性致意的活動。憲法大道上的美國聖派翠克日大遊行，是可以感受歡樂愉快氣氛的愛爾蘭傳統節慶。而本月重頭戲是華府櫻花祭與國家大草坪上的史密斯梭尼亞風箏節。

櫻花祭是 D.C. 年度盛事

繽紛盛開的櫻花

Info

華府櫻花祭 National Cherry Blossom Festival

櫻花祭揭開了 D.C. 繁忙旅遊旺季的序幕。初春時節，三千棵圍繞著傑佛遜紀念堂周邊「潮汐湖」（Tidal Basin）的吉野櫻恣意綻放著，盛開的朵朵櫻花象徵華府春天的到來。這些飄洋過海在 D.C. 生根落腳的櫻花樹，是東京市在 1912 年贈送給華盛頓市的禮物，象徵美日之間的密切關係與長遠持久友誼。

一年一度的慶典為期兩周，一般在每年的 3 月底至 4 月初，吸引上百萬遊客來賞櫻，慶祝活動包括日本傳統美食、遊行、音樂會、波多馬克河上的遊船、博物館特展與國際文化表演。

華府櫻花祭官方網站

www.nationalcherryblossomfestival.org

四月

　　白宮復活節滾彩蛋大賽，開放 12 歲以下兒童及其家長參與，門票免費但須預先在網路上索取。D.C. 電影節，展演超過三十個國家的文化、音樂、政治相關主題電影。史密斯梭尼亞工藝展，百來位藝術家展示以不同素材創作出的獨特藝品，並對外販售。

五月

　　D.C. 國際通行月（Passport D.C.），5 月初起為期約兩周，多國使館對外開放民眾參觀。華府龍舟賽，由中華民國婦聯會主辦，每年約六十隊從東岸各地組隊參加，在波多馬克河上賣力划槳競速。陣亡將士紀念日系列活動，在阿靈頓公墓、二戰紀念園、海軍紀念碑及亞歷山卓等地，都有追思儀式或遊行與免費演唱會。

波多馬克河上賽龍舟

六月

　　首府驕傲節同志大遊行（Capital Pride），慶祝同志、雙性戀、變性者無畏與勇往直前的精神，以及彰顯美國民主價值。D.C. 爵士音樂節，超過百場音樂會在整個華盛頓特區的表演場地和俱樂部演出。烤肉戰（Barbecue Battle）在賓夕法尼亞大道封街舉辦，來自全國各地的餐廳或自組團體參賽者，競相爭奪最佳 BBQ 霸主的寶座與高額獎金。

熱鬧滾滾的 D.C. 烤肉戰

七月

　　史密斯梭尼亞民俗節，慶祝世界各地的文化傳統，從早上到傍晚在國家大草坪，有美食、手工藝品展覽、音樂和舞蹈表演等。7 月 4 日美國獨立紀念日慶祝活動與遊行，以國家大草坪、憲法大道和國會山莊周邊為主要遊行路線，還

史密斯梭尼亞民俗節

有國會大廈前的演唱會與華盛頓紀念碑旁的音樂會,以及全美最受矚目的國慶煙火施放。

絢爛的煙火綻放於華盛頓紀念碑旁

Info

國慶煙火 July 4th fireworks

國家大草坪是公認最佳觀賞煙火的地點,視野極佳且可容納最多遊客。煙火由林肯紀念堂前映像池施放,絢爛的煙火照亮了華盛頓紀念碑與 D.C. 的夜空,施放時段通常是國會大廈前方草坪上的演唱會結束後,約在九點十五分。

交通方式:靠近華盛頓紀念碑可搭地鐵藍線或橘線到聯邦三角站、地鐵中心站,因史密斯梭尼亞站通常會關閉以避免人潮過度集中。從國會大廈觀賞煙火,可搭黃線或綠線到國家檔案局站或朗方廣場站,建議出發前上地鐵網站查詢當天交通疏運情形。

其他替代觀賞地點有硫磺島紀念碑、傑佛遜紀念堂和白宮前橢圓草坪等。

D.C. 國慶日煙火相關資訊:www.pbs.org/capitolfourth

八月

華盛頓特區餐廳周,超過百家 D.C. 最佳餐廳,以約 20 美元的優惠價供應三道菜午餐,晚餐則約 35 美元。8 月 28 日是美國黑人民權運動領袖馬丁路德·金恩博士「我有個夢想」演說周年紀念。

九月

甘迺迪藝術中心免費開放日,日期會在接近 9 月時公布,活動從中午到晚上六點,免費入場觀看演出和參與藝文

甘迺迪藝術中心

活動。亞當斯摩根日，固定在 9 月的第二個星期日，有爵士、搖滾現場音樂與世界各地美食分享、露天咖啡座與具異國情趣的攤位，以及精采的文化展覽和演出。

十月

西班牙裔傳統月，慶祝來自西班牙、墨西哥、中南美洲和加勒比海地區等西語系國家的美國人文化，在國家藝廊、美國歷史博物館等地均有特別活動。D.C. 變裝皇后大賽，每年萬聖節前的周二晚上舉辦，地點在杜邦圓環至 17 街，參賽者無不穿著華麗誇張的服飾，極盡所能的炫耀身上裝飾配件，展現嬌媚爭奪后冠。

亞當斯摩根區餐廳的萬聖節裝飾

十一月

感恩節，D.C. 本身並沒有感恩節遊行活動，但白宮會舉辦有趣的總統特赦火雞儀式。感恩節隔天的黑色星期五特賣，是全美消費者最為瘋狂的一天，大小商店與 outlet mall 會有超級低價商品吸引大批人潮通宵排隊搶購。

十二月

國家聖誕樹點燈儀式，在白宮附近的橢圓草坪，自 1923 年起每年舉辦，象徵為期三周的 D.C. 聖誕節慶祝活動正式開始。D.C. 市中心節日市集，約在 3 ～ 23 日從中午到晚上八點在賓恩區的國家肖像藝廊前街道。

國家聖誕樹及周邊裝飾

治安與人身財物安全

D.C. 是一個治安兩極化的城市。上城西北區治安最佳；東南及南區時有犯罪案件發生，犯罪率較高，避免於入夜後單獨步行外出。市中心為觀光區景點與政府部門所在地，警力充足，一般而言治安良好。中國城晚間十點後治安稍差，偶有竊案及搶案發生，需多加注意周遭環境。

參觀遊覽景點時，避免攜帶過多錢財或貴重飾品，保持機警為上策。

行前準備

旅行文件

護照申請

　　自民國 100 年 7 月 1 日起，申請普通護照必須本人親自至領事事務局或外交部中、南、東辦事處辦理，如需要委託旅行社或親友代辦者，也需要親自到外交部委辦之戶政事務所辦理人別確認後，才能委任代理人續辦護照。

■所需文件與費用：

・普通護照申請書乙份（領事事務局網站可下載）。

・六個月內拍攝之光面白色背景彩色照片乙式 2 張（直 4.5 公分且橫 3.5 公分，不含邊框）。

・規費新台幣 1, 300 元（依外交部最新公告為準）。

・效期不足一年的舊護照（換新護照者）。

・國民身分證正本（驗畢退還）與正、反面影本各 1 份；14 歲以下、沒有身分證者，繳驗戶口名簿正本並附繳影本乙份或 3 個月內辦理之戶籍謄本正本與影本乙份。

■注意事項：

・申請人如果不能親自申請，但經戶所確認人別者，可委任親屬、旅行社或所屬同一機關、團體、學校之人員代為申請（受委任人須攜帶身分證正本及親屬關係證明或服務機關相關證件正本），並填寫申請書背面之委任書及黏貼受委任人身分證影本。

・一般件為 4 個工作天（例如於 1 日上午受理，5 日上午可領取）；遺失補發件為 5 個工作天。

・依國際慣例，護照效期必須仍有 6 個月以上始可入境其他國家。

　　以上內容僅供參考，請以現行法規為準，或是上外交部領事事務局網站（網址：www.boca.gov.tw）查詢。

　　申辦護照詢問電話：外交部領事事務局 02-2343-2807 或 02-2343-2808，中部辦事處 04-2251-0799，南部辦事處 07-211-0605，東部辦事處 03-833-1041。

美簽辦理（免簽證計畫）

　　美國於 2012 年 10 月 2 日宣布台灣加入免簽證計畫（Visa Waiver Program，簡稱 VWP）。根據 VWP，符合資格之台灣護照持有人若滿足特定條件，即可赴美從事觀光或商務達 90 天，無需簽證即可入境，但限制停留天數不得延長。

　　欲以 VWP 入境美國，須先透過旅遊許可電子系統（Electronic System for Travel Authorization，簡稱 ESTA）取得旅遊許可，並於旅行前滿足所有相關資格條件。

■所需文件與費用：
・有效期 6 個月以上的中華民國「晶片護照」，且旅客具備國民身分證號碼。
・英文的個人資料，包括姓名、出生日期、護照資訊。回答有無傳染疾病、特定罪行之逮捕與定罪、撤銷簽證或遭驅逐出境之紀錄，以及其他相關問題。
・有效的信用卡或金融卡。線上繳交申請費用 14 美元。
・申請網址：esta.cbp.dhs.gov/esta。

■相關資格條件：
・旅客前往美國之目的限為洽商或觀光，並且停留時間不超過 90 天。
・具備供在美期間支出的足夠資金。
・旅客抵達美國之前，須持有回程或前往其他國家之機票。
・入境 72 小時前透過旅遊許可電子系統（ESTA）取得以 VWP 入境之旅遊許可。

■其他注意事項：
・持電子機票旅遊者，在美國移民局入境關口必須出示旅遊行程表。
・VWP 旅遊許可的效期通常是兩年或護照到期日，在效期內可不限次數前往美國。
・若已具備有效的美國觀光簽證，只要旅行目的符合觀光簽證（B），且簽證尚未過期或遭撤銷，仍可使用該簽證，不需再提出 ESTA 申請。

· VWP 並不包括計畫前往美國讀書、工作或停留超過 90 天的人，此類的旅客仍需要簽證。

· 現行法規與費用，請以美國在台協會網站公布為準。

Info VWP 重要提醒

ESTA 旅行許可並不等同於簽證，只是免簽證資格的事先過濾，而不論是持有簽證或符合旅遊免簽證計畫的資格，都不保證一定可以入境美國。能否入境是由入境關口的移民官做最後決定。若移民官員有理由相信參加 VWP 的旅客，有打算前往美國讀書、工作、停留超過 90 天的意圖或對於旅遊計畫有任何不實的陳述，移民官員有權當場拒絕旅客入境美國。

★ 申請美國免簽證旅遊許可流程圖 ★

準備有效期6個月以上之「晶片護照」

上網：https://esta.cbp.dhs.gov/esta/

以英文填寫個人資料與護照資訊。回答健康、犯罪紀錄及過往簽證與出入境等問題

完成表格，取得申請號碼

輸入信用卡資料並送出申請

系統一般於數秒內會顯示審核結果（如顯示 "pending正在處理中"，處理的最長時間為72小時）

O ［通過］取得旅遊許可，列印核准通知頁面留存，信用卡扣款14美元。
X ［駁回］不適用VWP，應向AIT申請一般簽證，信用卡扣款4美元。

觀光（非移民）簽證

欲在美洽商或觀光超過 90 日者不適用旅遊免簽證計畫，必須申請非移民簽證，類別為商務／觀光簽證（B-1／B-2），需線上填寫申請表格 DS-160，預約面談時間並親自前往美國在台協會（American Institute in Taiwan）辦理。而 AIT 已於 2014 年 3 月 1 日起，實施新的簽證申請系統，相

較以往便民許多，簽證申請人將可於網站上預約簽證面談、繳交簽證處理費、選擇文件發還的地址，並能於簽證面談後在線上追蹤護照發還狀態，可於簽證系統網站（網址：www.ustraveldocs.com/tw）了解詳細申請步驟。

■所需文件與費用：
· 護照，效期必須比預定停留美國期間多出至少六個月。
· 六個月內拍攝之 5×5 公分美簽用白底彩色相片。
· DS-160 電子申請表與上傳美簽照片電子檔。
· 非移民簽證申請費，又稱 MRV 費 160 美元（折合新台幣支付）。
· 其他輔助文件如財力證明、所得稅扣繳憑單、在職證明、學生證、成績單、有關行程的資料、旅遊計畫等。

■申請流程簡述：
Step 1 前往簽證系統網址：www.ustraveldocs.com/tw
　　　填寫非移民簽證電子申請表格（DS-160）：
　　　ceac.state.gov/genniv/
Step 2 繳付簽證申請費。商務、觀光、醫療（B）簽證申請費。
Step 3 以下列資料網上進行面談時段預約：
　　　· 護照號碼。
　　　· 簽證費收據號碼。
　　　· 顯示在 DS-160 確認頁的十（10）位數字電腦條碼。
Step 4 在預定的日期和時間，前往 AIT 辦理簽證面談。必須攜帶預約信件的列印副本，DS-160 確認信、美簽規格相片，以及目前或所有舊護照。

■注意事項：
· 美國的非移民簽證政策採有罪推定論，意即假設所有申請者都有移民意圖，申請者必須能提出文件證明無移民企圖，並能說服簽證官自己於行程結束後會離開美國返台。
· 面談時只需將護照與申請表交給簽證官，其他輔助文件如被要求再提出。

· 簽證申請核准後至快遞服務窗口完成寄件手續，核發的簽
證及護照將透過快遞服務交還給申請人，費用新台幣 220
元（貨到付款），通常簽證的處理時間是三個工作天，但
順利的話通常隔日或後一日便會寄達。

· 美國在台協會簽證台灣電話客服中心，提供有關簽證申請
程序的協助，電話：07010801575，服務時間：周一至五
8:00 ～ 20:00。周末與美國在台協會之休假日不提供服務。

Data

AIT 美國在台協會（台北辦事處）
◎ 網址：**www.ait.org.tw**
◎ 地址：台北市信義路三段 134 巷 7 號
◎ 電話：02-2162-2400
◎ 交通：可搭捷運木柵線至大安站，步行約 5 分鐘可達。

入境文件

　　過去入境美國需填寫兩份表格，一份是美國海關申報
單（Custom Declaration），另一份是俗稱白卡的美國出入
境證明單（I-94 Form），移民局官員會檢查這兩份表格，並
決定你是否可以進入美國與可停留的長度。然而自 2013 年
4 月底起，美國進一步簡化入境程序，由海、空進入美國的
旅客，僅需填寫淺藍色海關單，不再需要填寫紙本的 I-94，
美國海關及邊境保衛局將自動從旅客的電子行程取得相關資
料，如由加拿大、墨西哥以陸路方式入境美國者，仍須填寫
I-94。旅客入境美國後，如遇極少數情況需要書面證據表明
自己在美國的合法身分，可以出示護照上的出入境章，或是
自行上網（網址：www.cbp.gov/I94）填寫入境資料後取得 I-94
號碼，並列印下來。

■ 美國海關申報單填寫注意事項：

· 隨身攜帶的錢款數額不受限制。但如所攜現款、旅行支票
或其他有價票證的數額超過 1 萬美元，須向海關申報，否
則可能被沒收。

· 若攜帶總價值不超過 100 美元的禮品入境美國，則無須繳
納關稅。

· 不可攜帶包括水果、蔬菜、肉類或
　農作物等食物進入美國。
· 以某些特定動物為原料的產品禁止
　帶入美國。
· 任何含有麻醉成分的藥品或注射藥
　物，均須附上醫生開示的處方證明。

美國海關申報單（Custom Declaration）中文版範例，可
對照英文版使用

航班查詢

　　台北或高雄與華盛頓 D.C. 間目前
無直飛航班，可搭乘華航、長榮經東
岸之紐約或西岸之洛杉磯、舊金山、
西雅圖再轉搭內陸線，或選擇搭乘聯
合航空、達美等國際航班，途經日本
等第三地轉機往返。

　　透過旅行社或在旅遊網站訂位前，
可以先上 Abacus 或 Amadeus 線上航
空班機查詢系統，查詢各家航空公司
詳細的航班資訊，如時刻、航班號碼、
旅行時間、機型和各艙等剩餘座位數，
再配合自己的行程安排從中選擇理想
的航班。

填入行程資訊

Data

◎ Abacus 中文全球航班查詢：
　www.abacus.com.tw
◎ Amadeus 亞瑪迪斯中文線上航班查詢：
　www.amadeus.com.tw/tk

Info

使用 Abacus 系統查詢航班
選擇出發地、目的地及旅遊期間，
航空公司欄位可指定或留空。
送出查詢後，系統會條列出所有符
合需求的航班資訊。

選擇理想航班

購買國際與美國內陸機票

台灣飛美國的國際線機票可以透過國內知名自助旅行大站「背包客棧」上的便宜機票比價服務（網址：www.backpackers.com.tw/forum/airfare.php），來查詢和快速比較各家旅行社／旅遊網站所提供的機票價錢。

美國內陸機票可於購買國際線機票時一起請旅行社代訂，如想要找到低價的票源，建議於美國網站購票，比價可上 travel.yahoo.com 或 www.kayak.com。

直接上廉價航空網站訂票，常可以取得較低的票價，要注意的是，廉價航空行李托運要另外收費，除了隨身兩件行李不用，但如southwest 第一件行李免費，若要帶的東西較多，可以作為選擇考量。

Data

美國廉價航空網站：
◎ **AirTran Airways**：www.airtran.com
◎ **JetBlue Airways**：www.jetblue.com
◎ **Southwest Airlines**：www.southwest.com

海外旅遊平安保險

旅遊平安險約略可分為三種：

1. 飛行平安險：僅涵蓋搭機時飛機起降期間。
2. 旅行平安險：涵蓋旅途中意外身故或殘障、傷害醫療給付的全程保障。
3. 綜合旅行險：最完整的旅遊保障，包含上述兩項及涵蓋海外突發疾病或海外緊急救援需求。

國內各家產、壽險公司都有賣旅平險，打電話或網上投保均可，機場也設有櫃台，但臨櫃購買價格較高。壽險公司旅平險以人身保障為主；產險公司提供的旅平險，除人身保障之外，還可擴及個人責任保險及旅遊不便保險等。

許多信用卡公司提供刷卡付團費或機票就附贈旅遊不便險的優惠，但多僅限於搭乘飛機期間及部分交通工具發生意外時，且限制繁多，最好還是依個人需求、旅遊行程及天數、當地的治安等情況來決定是否要自費投保「旅遊平安險」。

外交部旅外國人動態登錄系統

外交部領事事務局網站（網址：www.boca.gov.tw）設有旅外國人動態登錄系統，供國人出國前上網登錄個人與緊急聯絡人資料，登錄完成資訊將自動傳輸至駐外相關館處。萬一於海外遭逢急難或當地爆發災情時，中華民國駐外館處可即時主動與海外國人及其國內親友取得聯繫。

旅外國人動態登錄系統

該局亦提供「旅外救助指南」（Travel Emergency Guidance）智慧型手機應用程式（APP）免費下載。另外，建議一併下載與列印「旅外國人急難救助卡」隨身攜帶備用。

旅行費用

機場資訊櫃台可以索取旅外國人急難救助卡與外館通訊錄

匯率、物價及預算

美元對新台幣的匯率約為 1：30，在美國兌換外幣易被收取高額手續費，建議在台灣就先換好美金。D.C. 的物價相對美國其他城市落於中間，整體旅遊花費略低於紐約、洛杉磯、舊金山、芝加哥等地，一般購物的銷售稅為 6%、餐飲稅為 10%、旅館稅為 14.5%。

住宿及交通是 D.C. 旅遊主要花費所在，住宿依等級、交通便利度和離市中心或熱門景點遠近而定，範圍從數十美元到上千美元。交通花費取決於停留天數，經濟型租車費用一天約在 25 ～ 50 美元，且需將停車費納入考量，大眾交通工具相對便宜許多，單日可控制在 10 美元左右或可購買優惠套票。

若飯店提供免費早餐，不妨享用後再出門，中餐輕簡可以節省旅遊時間和有較寬裕的預算留給晚餐或攤販、點心。購物預算取決於個人喜好與品牌等級，尋找各知名品牌折價券和促銷優惠資訊可上 www.fatwallet.com。

美國消費方式多以信用卡為主，現金為輔。多數商家也接受現金卡、旅行支票、個人支票。

生活娛樂物價簡表

品項	起價（美元）
一加侖鮮奶	$ 3.29
一條吐司	$ 1.50
一加侖汽油	$ 3.80
一小時路邊停車	$ 2
平信郵資	$ 0.45
電影票	$ 7 ～ 10
D.C. 紀念衫	$ 15
便利商店三明治	$ 5
瓶裝水 20 fl oz	$ 1
麥當勞大麥克餐	$ 6
華盛頓郵報平日／周日	$ 0.75 ／ $2
華盛頓國民隊球票	$ 9
參觀史密斯梭尼亞博物館	免費

美國現行流通貨幣

現金

勿攜帶大筆現金，避免引人覬覦，且面額最好不要大於 50 美元，否則容易遇到店家拒收或攤販無法找零的情況，備一些小額鈔票及零錢，如 5 美元、10 美元及數張 1 美元，以便投飲料販賣機、公共電話，或是應付乞丐。

信用卡與現金卡

信用卡是美國最為普遍的付費方式，店家門口或收銀機上會有標示收受的卡別。不論是網路購票，或是訂房租車，通常需以信用卡完成付款，入住旅館和取車時信用卡也常被用來作為身分證明。

使用國際現金卡可在國外的 ATM 直接提取本
國帳戶內存款，手續費與匯率各家銀行不一。中華
郵政和國內多家銀行有發行 VISA 金融卡，使用方
式如同信用卡，刷卡時直接由台灣帳戶內餘額中扣
款，可在任何有 VISA 標誌的商家使用，非常方便。

商家店門會標示接受的信用卡別

旅行支票

廣受歡迎的外幣攜帶方式，安全可靠，可在
銀行外匯部門和機場兌換櫃台購買，使用上如同現
金，若遺失可以憑票號辦理掛失補發。但必須注意
使用上有些限制，如店家可能會要求出示身分證明
文件，以及在攤販、小餐館、計程車可能無法使用。

美國運通的各式旅行支票

自動提款機

美國的自動提款機會清楚標示 ATM，可見於銀行、超市、購物中心和便利
商店等處，操作方式與台灣相近，大部分 ATM 插卡後立即拔出，待輸入密碼
（PIN）即可使用。

ATM 顯示用語中英對照表

英文顯示	中文
English/ Español	英文／西班牙文
PIN/ Passcode	密碼
Transaction	交易
Checking Account	支票帳戶
Saving Account	存款帳戶
Balance Inquiry	餘額查詢
Transfer	轉帳
Amount	數額
Receipt	收據
Clear/Incrrect	更正
Cancel	取消

美國的 ATM 標示清楚易找

行李準備

行李檢查表

隨身攜帶的重要文件／證件	
☐ 護照、簽證 ☐ 機票 ☐ 海外旅平險保單	文件影印兩份留底，一份放置家中，並告知家人存放位置，另一份隨身攜帶與正本放置在不同地方，萬一行李遺失或遭竊時可以提出影本申請補發。
☐ 現金、旅行支票、信用卡	建議準備一些小額鈔票，旅行支票抄下購買時水單與支票號碼備用。
☐ 貴重物品	高價飾品、手機、數位相機、筆電、iPod 等。
☐ 住宿地點資訊	網址、地址、電話和訂房確認號碼。
☐ 通訊錄和緊急聯絡電話號碼	個人通訊錄及中華民國駐美代表處緊急電話。
☐ 國際電話卡	可先在台灣就購買一或兩張備用。
☐ 國際駕照及台灣駕照	持國際駕照可在華盛頓特區駕車。
☐ 國際學生證（若有）	可作為護照以外的身分證明文件，部分旅遊景點憑證提供購票或入場的優惠。
☐ 2 吋照片數張（備用）	需申請補發文件時會用到。
☐ 個人醫藥包	如有定期服藥者，請攜帶足量的藥物，並請醫生開立處方箋備用，另依個人狀況準備一些常用藥，如胃藥、止痛藥、暈車藥、蚊蟲咬傷外用藥、OK 絆等。

托運行李	
☐衣褲	短袖上衣、薄長袖上衣或襯衫、短褲（裙）、長褲（牛仔褲、運動褲）。
☐正式服裝	參加宴會、Party 或至正式餐廳用餐時用。
☐薄外套	飛機、巴士或冷氣較強的室內可穿。
☐厚外套或毛衣	視將要前往的季節評估是否需要準備。
☐外出鞋、拖鞋或涼鞋	適合步行的鞋子一雙、穿脫方便的拖鞋或涼鞋一雙。
☐內衣褲、襪子	依旅程天數決定攜帶數量。

□ 遮陽帽與防曬乳液	*長時間待在戶外容易曬傷，須做好防曬。*
□ 盥洗用具、針線包、萬用刀	*任何銳利的物品，都請放在行李箱托運，指甲刀也是喔！*

其他參考物品		
□ 筆記型電腦	□ 底片或備用記憶卡	□ 地圖、旅遊書／資訊
□ 輕便雨衣和折疊傘	□ 衛生紙、隨身包面紙	□ 梳子、髮夾、髮帶
□ 手電筒	□ 鬧鐘、計算機	□ 小型吹風機
□ 小塑膠袋數個	□ 單層睡袋	□ 太陽眼鏡
□ 游泳衣褲	□ 隱形眼鏡、備用眼鏡	□ 保養用品
□ 衣物壓縮袋數個	□ 男性刮鬍刀（須托運）	□ 免洗內褲
□ 行李鎖	□ 女性生理用品	□ 隨身水瓶
□ 翻譯機或隨身字典	□ 文具用品、筆記本	□ 中國風小紀念品
□ 少許泡麵或台灣食物	□ 電湯匙、筷子	□ 備用新台幣

托運行李限制

　　往返美國的國際線航班，行李限重規定一般為空運兩箱，每箱限重 23 公斤（50 磅），隨身手提行李一件，大小限制在 56×36×23 公分，重量應控制於 7 公斤內，可收納在座位上方行李艙及座椅下空間為宜。另可再攜帶一件個人物品，如皮包、小背包、手提電腦、公事包等上機。

　　大多內陸段的行李托運會另外收費，除非國際線與內陸線行程為同一本機票或接續的行程，打包行李時應以符合個人實際需求為主盡量簡化。

季節衣著

　　D.C. 四季分明，大陸性氣候顯著，溼度較低，相對於台灣海島型氣候而言，較為乾爽。冬季時，以多層次的穿法最

為保暖,需兼顧保暖、防風,大衣或防風外套、手套、帽子和圍巾都建議準備;夏季時,衣著宜重輕便涼爽,透氣排汗的材質是首選;春、秋兩季最為舒適,若稍感涼意添加薄外套即可應付,唯初春與深秋日夜溫差大,建議著薄長袖與攜帶外套,以免受寒。

行李箱選擇

堅固耐用的輪子及質輕材質是挑選的首要考量,其次決定硬箱或軟箱,這兩者最大的差別在於擴充性與容量。硬箱的對開形式使得收納與取用行李相對方便,但無法擴充;多由上方開啟的軟箱容量較大且可填塞,但整理與拿取底層物品不易。長程旅行、轉機次數多時,推薦使用硬箱,托運過程中不易變形,可妥為保護內容物。

旅行箱的大小可依照旅遊天數來選擇合適尺寸,三天內短暫停留可選擇小型 20 吋或以下,四至五天可選擇中型 22 ～ 24 吋,超過一周以上,則建議選擇 26 ～ 32 吋的大行李箱,如考量托運行李限重也可作一中一小或一大一中搭配。

依需求選擇適合的行李箱

攝影器材

D.C. 旅遊以步行為主,很多時候可能一整天都在走路,故攝影器材以輕便易攜帶為原則。美國電池與軟片售價較台灣高,且臨時需要不一定可立刻購買到,建議備用電池至少二組,軟片盡量多帶點。如使用的是數位相機或數位單眼相機,大容量的記憶卡數張是必要的,若有攜帶小筆電方便回存,則多一張備用即可。

電壓

美國電壓與台灣相同，為 120 伏特 60 瓦，台灣電器在美均可直接使用。

辦理國際駕照

攜帶身分證、護照、駕照正本、六個月內拍攝之 2 吋相片 2 張及規費新台幣 250 元到全國各地監理所辦理，可以立即領照，使用時應需附上本國駕照備查。

美國手機門號預付卡

出發前可先在台灣購買美國手機預付卡，如 AT&T 門號 SIM 卡或 T-Mobile 門號 SIM 卡。美國行動電話信號頻率為 850 或 1900，若有三頻或四頻的手機抵美後插卡即可使用。在美旅遊時與台灣家人聯繫或當地購票、訂位都方便很多。

使用美國門號預付卡再搭配一張國際電話卡，是目前最為經濟實惠的方式。若在抵美之後才購買預付卡，大賣場如 Walmart 和 Target 的通信部門，均提供多種低價預付卡方案。美國手機採雙向計費，撥打與接聽都會扣分鐘數，建議多利用免費或優惠時段，多為晚上九點後至隔日早上七點及周末。

無須綁約的手機門號方案選擇多元

行程規劃

旅遊資訊收集

出發前的資訊收集與行程規劃

　　網路是便利的旅遊資訊收集管道，許多旅遊網站和論壇都有豐富的資源和玩家經驗分享，自助旅者們所經營的個人部落格更是獲取寶貴資訊的好去處，若要取得最新且正確的訊息，不妨瀏覽 D.C. 官方旅遊網站。

　　行程規劃上，若時間充裕則不妨放慢腳步細細領略特區之美，街坊巷弄之間往往有意想不到的樂趣。若只能短暫停留，建議挑選分區內代表性景點做重點式遊覽或專注在一區內的景點，節省交通往返時間。

　　預先安排好住宿和線上完成租車手續、藝文表演和交通工具票券訂購等，將有助於決定遊玩方向、路線，以及大幅減少旅程中不確定。

D.C. 遊客服務中心／報章雜誌與免費廣告箱

　　遊客服務中心是最佳收集旅遊資訊的地方，免費觀光手冊、印刷精美的地圖、地鐵與公車的路線圖，還有住宿、餐廳、購物和鄰近地區旅遊資訊，也常會不定期的提供優惠券，或是贈送歡迎小禮物或紀念品。

　　周日報紙和區域性雜誌會刊登美食、娛樂、藝文相關文章與最新活動情報，路邊五顏六色廣告箱內和早上地鐵外發送的免費資訊報，也是取得在地生活資訊的絕佳來源，如 Washington City Paper、Express 和 Examiner，都刊載有豐富的娛樂藝文資訊、推薦行程和各種優惠。

Data

D.C. 遊客服務中心
◎ 地址：1300 Pennsylvania Avenue NW, Washington, DC 20004
◎ 交通：地鐵至聯邦三角站（Federal Triangle）
◎ 開放時間：周一至六 8:00 am ～ 6:00 pm

Info

實用網路資訊

☆ 華盛頓特區官方旅遊網站：www.washington.org

☆ 華盛頓郵報：www.washingtonpost.com

☆ 華盛頓城市報：www.washingtoncitypaper.com

☆ 華盛頓人雜誌：www.washingtonian.com

☆ Lonely Planet D.C. 旅遊：www.lonelyplanet.com/usa/
   washington-dc

☆ WashingtonDC.com：www.washingtondc.com

☆ D.C. 黃頁簿：www.dcpages.com

☆ TripAdvisor 旅遊指南：www.tripadvisor.com

☆ Fodor's 旅遊指南：www.fodors.com

☆ 背包客棧：www.backpackers.com.tw/forum

常於地鐵站外廣泛設置的免費報箱

免費發送的 Express 和 Examiner 早報

Part 2

安排住宿
Where to Sleep?

住宿型態與等級

對於不同旅遊取向的遊客，D.C. 提供了多樣化的住宿選擇，取決於住宿的預算，從高檔的豪華飯店到經濟簡單的青年旅館都有，也有以溫馨實惠取向帶給旅人如自家般溫暖的民宿。

飯店／旅館 HOTEL

飯店涵蓋的範圍很廣，客房類型則依房價分為數種等級，價位越高所享受到服務越完善，價位低的客房以符合旅客一般需求為主。多數的飯店提供雙人床或兩張單人床的選擇，衛浴設備、電視、冰箱、咖啡機和網路幾乎都是基本的配備。有些飯店會附贈早餐，以及可免費使用其附設商務中心、游泳池與健身房等設施的優待。

杜邦圓環區的 Embassy Row 旅館

汽車旅館 MOTEL

Motel 6 和 Super 8 是美國最知名常見的兩家連鎖汽車旅館，主要的客群為開車旅行的人，方便旅人夜間投宿休息。不需要預先訂位，只要有空房便可入住，判別方式是招牌上的霓虹燈，VACANCY 表示有空房，NO VACANCY 表示客滿。汽車旅館多是公路旁的簡單一層樓建築搭配停車場，車子就停在房門口，價位通常較低廉，房間內只有如床和桌椅的陽春擺設，住宿品質無法期待過多。

顯眼紅黃配色 Super 8 的招牌

青年旅館 YOUTH HOSTEL

低預算背包客首選，類似宿舍的住宿類型，投宿者來自四面八方，常是當地自助旅遊的資訊交流中心，有很多機會結識其他旅者，分享彼此的旅遊經驗。旅客租用的是一張床，而非一個房間，通常是上下鋪，共用的浴廁、休息室和廚房，雖名為青年旅館，但實際上並無住宿年齡限制，並可線上預約床位，非常方便。

有意投宿青年旅館，建議預先辦理好國際青年旅館卡，

D.C. 青年旅館網頁與介紹

方可住宿並享相關優惠。辦卡方式可上中華民國國際青年之家協會網站（網址：www.yh.org.tw）查詢。

Data

D.C. 青年旅館（Hostelling International - Washington, D.C.）
◎ 地址：1009 11th Street, NW, Washington D.C., DC 20001
◎ 電話：(202) 737-2333
◎ 網址：www.hiwashingtondc.org
◎ 價位：$25 ～ 45

民宿 B&B

B&B 指的是 Bed & Breakfast，由房屋主人自己經營，私人住宅或少於十個房間的住屋，提供房間並包含早餐的服務。早餐和房間的整理布置都是由主人一手包辦，又可概略分為兩種類型，一種是主人將家中多餘的空房挪出作為客房，提供比較家居的生活空間；另一種是房間數較多，經營方式近似於一般旅館；後者價錢常與一般經濟型旅館差不多，甚至更高，但提供更貼心與人性化的服務。

Data

◎ 家居型民宿查詢：www.airbnb.com
◎ 旅館型民宿查詢：www.bedandbreakfast.com

私宅民宿提供簡單溫馨的居家氛圍

如何選擇住宿

　　商務旅客以市中心旅館為主，方便洽公，全家出遊可考慮以景點為導向，如接近國家動物園或博物館。大多數的古蹟和博物館都集中在國家大草坪周邊，且都在步行可達的範圍，但周邊用餐選擇較少。霧谷、杜邦圓環、喬治城相對生活機能較佳，都是市區住宿熱門的選擇，需提早預訂，唯喬治城離地鐵站稍有距離。

　　若預算有限，可以考慮住宿 D.C. 外圍旅館，一樣可以享受 D.C.。同一家知名品牌的旅館，在 D.C. 市區的點常比在北維吉尼亞州區域的貴上 200 美元，除了高額價差之外，D.C. 高達 14.5％的旅館稅也令人咋舌，鄰近馬里蘭州旅館稅才在 5 ～ 8％，維吉尼亞州則約為 10％。

　　選擇住宿時可從以下幾個方面來考量：

主要的代步工具

　　若地鐵是景點移動間主要的代步工具，那就要尋找在地鐵站附近的旅館，市區內旅館幾乎可滿足這項要求。若考慮郊區價格較低的旅館，阿靈頓區、羅斯林市、水晶市和亞歷山卓都有許多鄰近地鐵的旅館。若打算租車，在地點的選擇上就很有彈性。

　　如果不確定旅館離地鐵的距離遠近，預訂房間時可向旅館人員詢問，或者了解是否有接駁車的服務。

主要遊玩的區域

　　以主要遊玩的區域來搜尋旅館是明確又有效率的方法，當然距離景點越近，一般來說等級與價位也較高，在旅遊旺季時更常常是一床難求，也無法臨時延長住宿。旅館多集中於國會周邊、市中心、霧谷區和杜邦圓環等區，治安稍差的東南與南區較不建議住宿。

青年旅館是學生或背包客的首選

住宿的預算高低

D.C. 住宿價差甚鉅,從一晚上數百美元起跳的豪華飯店,到僅數十美元的青年旅館與民宿,一般經濟型的旅館則每晚約在百來美元上下。若停留時間短,建議選市區的旅館,以節省交通時間和拉長夜晚可利用的時間,入夜後的 D.C. 別有一番風情。停留時間較長者,也不一定要侷限在一間旅館,不妨依行程選擇幾天在郊區平價旅館,搭配幾天在市區中高階飯店,或是嘗試住宿不同區域,體驗這個城市的多元風貌。

屬較高檔的四季旅館

喬治城區的 Monticello 旅館

如何預訂住宿：
搜尋比價／詢價訂房及確認

　　預訂住宿可以透過網路、電話、E-mail 和傳真的方式。

　　網路比價後以信用卡線上訂房為最便捷的方式，任選兩個旅館比價網站，輸入相同的搜尋條件，便可交叉比對出最有利的訂房條件，建議出發之前就完成抵達 D.C. 當天房間的預訂。若已有指定的旅館可直接上官方網站查價和完成預訂，比價網站上也可直接輸入旅館名稱查詢，一般來說價錢會較優惠。無論是以何種方式預訂，都要將訂房確認碼抄寫下來或將確認信列印出來，方便 check in 時櫃台可迅速查閱到訂房紀錄，並且要記得攜帶訂房時所使用的信用卡作為身分證明。

ROOM TYPES 房間類型	房間配置
Single Room 單人房	一張單人床一個人住
Double Room 雙人房	一張雙人床兩個人住
Twin Room 雙人房	兩張單人床兩個人住
Triple Room 三人房	三張單人床三個人住
Family Room 家庭房	一張雙人床加一張單人床，三個人住

Data

◎ 旅館比價與訂房網站：
www.hotels.com
www.booking.com
www.hotwire.com
www.expedia.com
www.orbitz.com

訂房網站：網路訂房 step by step

以在 hotels.com 查詢房價和訂房作為範例：

1.Where are you going? 輸入 Washington, D.C.。

2.When? check in 日期：08/08/11，check out 日期：08/10/11，兩晚。

3.How many people? Room 房間數為一間，兩個成人。

按下搜尋之後，網站列出所有可預訂的旅館名稱、所在區域和價錢，點選可以詳細看的資料，右上角可依需求如低價至高價、星等、住客評比來顯示排序。

選定旅館後，按下右上角 Book Now。

進入資料填寫頁面，輸入信用卡與地址，中文地址英譯可以上郵局網站查詢。再次確認所輸入的資料與金額無誤後，按下 Submit Booking 即可完成預定。

輸入城市、日期及房間數等資訊

從清單中選擇符合需求的旅館

按下 Book Now 後填寫付款資訊

E-mail 或傳真訂房

務必先向旅館確認房價後再訂房，如果有特殊要求一併在訂房需求表內提出，收到旅館回函後再次核對日期、個人資料和金額，倘若有疑問立即向旅館提出。列印旅館回函作為訂房紀錄並攜帶出國，如果遇到取消訂房情況，務必儘快向旅館告知並取得取消確認信，日後若有爭議可提出作為證明，有些旅館會收取臨時取消的手續費。此外，若未入住，也未完成取消動作，旅館仍然會向登記的信用卡收取費用。請注意，無論是否有成功入住，收到旅館費用的信用卡帳單時，別忘了留意金額是否正確。

E-mail 與傳真訂房參考

Date 日期：

To Whom It May Concern,

I would like to reserve accommodation for (room type 房間類型，如 single 單人房、double 雙人房、suite 套房) bedroom in your hotel for (number 幾個晚上) nights for (number 客人數) guests.

Arrival date will be on (date 入住日期) at approximately (time 時間).
Departure date will be on (date 退房日期) at (time 時間).

Special request 特殊要求：

Please charge my credit card for the initial deposit required. Include any discounts that my early registration permits.
Credit card 信用卡種類：VISA/ MASTER/ JCB/ AME
Credit card number 信用卡號碼：
Exact name on the card 持卡人英文姓名：
Expiration date 到期日：

Thank you for your prompt attention to the above, I look forward to receiving a letter confirming my reservation.

Kind Regards,
Your name 英文姓名
Address 地址, email 電子郵件, phone 聯絡電話, fax 傳真號碼

　　如果沒有傳真機，或是想節省高昂的跨國傳真費用，faxzero.com 提供免費線上傳真服務，操作介面非常簡單，只需填入基本資訊及對方的傳真號碼，接受 word 檔和 PDF 檔上傳。一個電子郵件帳號一天最多可傳兩則傳真，傳真成功與否會以電子郵件通知，但必須特別註明請對方以電子郵件回覆確認。

Part 3

往返機場與前往 D.C.

Flight & Ride... Airport In and Out

從台灣機場出發

入境美國

華盛頓 D.C. 機場

機場大眾運輸交通：從 D.C. 機場前往市區

從紐約前往 D.C.

出境美國：搭機返回台灣

從台灣機場出發

台灣機場：桃園、高雄機場航廈簡介

台灣桃園國際機場

簡稱桃園機場，國際航空運輸協會（IATA）機場代碼為TPE，為台北的聯外國際機場及主要的國際客貨運出入站，連接世界各國的航線班機大多在此起降，是台灣最重要的空運門戶，現有南北兩條可供起降之跑道，並分有一、二航廈。第一航廈形狀似英文字母「H」，原始的設計架構參考自美國的華盛頓杜勒斯國際機場。

直飛或透過第三地轉機前往美國的航空公司及其所在航廈位置表：

航空公司	航廈與位置
國泰航空（CX）	第一航廈 1 樓出境大廳
達美航空（DL）	第二航廈西側停車場 2 樓
中華航空（CI）	第二航廈 3 樓出境大廳
長榮航空（BR）	第二航廈 3 樓出境大廳
聯合航空（UA）	第二航廈 3 樓出境大廳

Data

◎ 台灣桃園國際機場：www.taoyuan-airport.com

高雄國際航空站

簡稱高雄小港機場，國際航空運輸協會機場代碼為KHH，位於高雄市小港區，交通便利捷運紅線可達，為南台灣主要聯外門戶，分有國內航廈和國際航廈共兩座。國際航線主飛香港、澳門、日本、東南亞等地區，前往美國需搭乘接駁機到桃園機場轉機或直接飛往日本後再轉乘。

所有國際班機及往桃園機場接駁機都從國際航廈出發，

長榮航空公司飛機

搭乘接駁機的乘客將在高雄辦妥出境手續和安全檢查，無需等到達桃園機場才辦理。

Data

◎ 高雄國際航空站：www.kia.gov.tw

出境程序

必備證件：護照、機票及出境登記表（在台有戶籍者免填）。

出境流程：辦理報到→托運行李→安全檢查→證照查驗→登機

櫃台報到及托運行李

建議於航班起飛前 2 ～ 3 小時至航空公司報到櫃台報到，並辦理劃位、托運行李等手續。最遲於航班起飛前 40 分鐘完成報到，以免無法辦理行李托運而無法搭乘。

完成報到手續後，領取各項證件、登機證及行李托運收據條，行李收據需妥善保存，倘若遺失可憑

航空公司櫃台辦理報到

收據向航空公司索賠。確定行李已通過 X 光機之檢查後，方可離開。

托運與隨身行李內容物須遵守規定

Info 行李重量及隨身行李尺寸規定

☆ 托運行李應掛上行李牌，清楚寫明中英文姓名、住址與聯絡電話。
☆ 美加地區旅客托運行李，每人以二件為限，每件限重 23 公斤。
☆ 旅客所攜帶之隨身行李尺寸如下：長 56 公分、寬 36 公分、高 23 公分。
☆ 其他相關規定請逕洽航空公司。

安全檢查

出示旅行證件方可由旅客出境入口處進入隨身行李安全檢查室，排隊依序進入安全檢查線，將隨身行李放置滾輪以通過 X 光檢查儀。通過金屬偵測門時，需將身上金屬物品（如行動電話、鑰匙、硬幣）置於小籃內，俟通過後再取回。

美國運輸安全署（TSA）已將打火機列為違禁物品。凡搭乘任何飛往美國航班或任何美國航空公司航班的旅客，均不得攜帶打火機。

隨身行李中攜帶液態、膠狀及噴霧類物品規定，可於外交部領事事務局網站（網址：www.boca.gov.tw/ct.asp?CuItem=8&mp=1）查詢。

出境證照審查

備妥護照、登機證等證件，於證照查驗櫃台處排隊，依序進入證照查驗櫃台，由證照查驗人員檢查證件，並於護照上蓋出境章。

等候登機

通過隨身行李安全檢查及證照查驗後，即可自由活動或前往免稅商店購物，但務必於起飛前 40 分鐘進入候機室準備登機。

桃園機場候機室

入境美國

入境程序

進入美國境內需通過移民官及海關關員兩道關卡檢查，移民官將會對是否可以入境做出決定，海關則檢查旅客所攜帶入境的行李是否需要課稅及有無違禁品。即便是還要轉機者，也必須在抵達美國的第一個機場辦理入境程序，通過移民局證照查驗，提出行李通過海關後，才能夠再轉飛各地。

必備證件：護照、ESTA 旅行許可（需先線上完成申請）、回程機票、海關申報單。

美國入境流程：下飛機→入境審查→提領行李→通過海關→再次托運行李與安檢→轉搭內陸航班→抵達後提領行李→離開機場

入境審查

前往美國的飛機上，空服員會提供海關申報單，在機上就填寫完成可加快通關速度，如需要中文版本表格可向空服員索取。

下機後旅客會被引導到入境檢查室，有清楚標示 US citizens/ Residents(美國公民及永久居民) 及 Visitors/ Non-Residents(旅客) 兩個隊伍入口，持非移民簽證者應排在 Visitors/ Non-Residents 通道等待驗證。移民官會審查入境者持有的護照與簽證，並詢問此行目的、旅行計畫、預計停留長度等問題，務必如實回答切勿言詞閃爍。同時也會拍照與掃瞄指紋留下紀錄。

獲准入境後，移民官會在護照上蓋章並註明入境日期、簽證別及可停留期限，取回護照及海關單後便完成審查程序，一般而言如無特殊問題情事，以 EAST 旅遊許可入境者，移民官將會准予最長 90 天的停留。

依指示前往提領行李

提領行李

　　尋找 Baggage Claim 標示，依指示前往行李轉盤區，電腦螢幕或告示會顯示班機號碼，拿到行李時核對行李條以免拿錯，接著排隊驗關。

通過海關

　　繳交海關申報表時，海關人員會示意是否可直接通過或需要打開行李受檢，若檢查出有違禁品將會立即被沒收，入境禁止攜帶物品相關規定可於外交部領事事務局網站（網址：www.boca.gov.tw）查詢。

轉搭內陸航班

　　出關後需再次托運行李和進行安檢才可前往登機門搭乘內陸航班。出關後尋找搭乘 Baggage Re-check 或 Connecting Baggage 標示，至搭乘的航空公司行李托運區辦理行李重掛。若已持有前往華盛頓 D.C. 機場的登機證，可通過安檢後直接前往登機口候機；若尚未拿到，則需前往航空公司櫃台辦理報到取得登機證。

　　美國國內轉機的航班視為一般內陸交通運輸，故抵達華盛頓 D.C. 可直接於提領行李後前往市區，不需再經過任何審查。

可於出入境班機資訊螢幕查詢轉機登機門

華盛頓 D.C. 機場

　　華盛頓 D.C. 鄰近區域主要有三個機場，分別為雷根國家機場、杜勒斯國際機場及巴爾的摩國際機場。機場選擇主要依據需求及行程安排，在航班密集度和機位票價上也略有不同。

雷根國家機場（DCA）

　　位於 D.C. 南邊維吉尼亞州的阿靈頓郡，離五角大廈僅約 5 公里，與 D.C. 市區僅相隔著波多馬克河，有黃、藍兩地鐵線經過，是交通最便利且最靠近市區的機場。由於跑道長度較短對於飛機大小的限制，只有經營國內航線及少數飛往加拿大和加勒比海地區的班機。

Data

◎ 雷根國家機場（Washington Ronald Reagan National Airport）：
www.metwashairports.com/reagan

雷根國家機場

杜勒斯國際機場（IAD）

位處 D.C. 西邊約 43 公里處的維吉尼亞州境內，離市區車程約 40 分鐘，有國際與國內線航班起降。杜勒斯共有四條跑道來支應大量繁忙的飛機起降，為美東重要的交通樞紐機場，有直達機場的快速道路，連接現有 D.C. 市區地鐵系統的機場線也正在興建中，預計 2016 年竣工。

杜勒斯國際機場

Data

◎ 杜勒斯國際機場（Dulles International Airport）：
www.metwashairports.com/dulles

巴爾的摩國際機場（BWI）

位於 D.C. 東北邊約 53 公里處，近巴爾地摩市，離 D.C. 市區車程約 50 分鐘，離巴爾地摩市區車程約 15 分鐘，兼營國際與國內航線，以提供大量的航班及較低的價格為其競爭優勢。附近有 AMTRAK 或 MARC 通勤車車站，可直達華盛頓 D.C. 的聯合車站。

Data

◎ 巴爾的摩國際機場（Baltimore Washington International Airport）：
www.bwiairport.com

巴爾的摩國際機場詢問台

機場大眾運輸交通：
從 D.C. 機場前往市區

雷根國家機場（DCA）

機場地鐵站——黃線、藍線

地鐵是前往市區最省錢便捷的方式

搭乘地鐵是由雷根機場前往市區最低價便捷的方式，地鐵站與機場 B、C 兩航站間有空橋連接，站名即為 Ronald Reagan Washington National Airport。黃線與藍線均可直達市區，藍線到 Metro Center 地鐵中心站約 15 分鐘，黃線到 Gallery Place/ Chinatown 中國城站約 13 分鐘，離峰時間票價 $1.85，尖峰時間票價 $2.80。

杜勒斯國際機場（IAD）

機場快線轉乘地鐵

由杜勒斯機場可以搭乘 Washington Flyer 機場快線巴士，前往最近的地鐵橘線 West Falls Church 站，行車時間約 20 ～ 30 分鐘之間，票價單程 $10、來回 $18，班次間隔為每 30 分鐘一班，購票處位在主航廈入境大廳的 4 號門。服務人員會協助指引乘車，周間首班車為 5:45am 發車，周六、日首班車延後於 7:45 am 發車，末班車均為 10:15 pm 發車。地鐵從 West Falls Church 站往市區約 20 分鐘。

Data

◎ 機場快線巴士網站：www.washfly.com

巴爾的摩國際機場（BWI）

機場快線轉地鐵／免費接駁車轉 AMTRAK 或 MARC 通勤車

從機場到地鐵站可搭乘 BWI Express/ B30 Metro bus 機

B30 Metro bus 機場快線

AMTRAK 及 MARC Train 車站免費接駁車

場快線，往來 BWI 和地鐵綠線的 Greenbelt 站，每日營運，發車間隔為 40 分鐘。乘車點有兩處，一是在 International Concourse 底層，另一個是在 Concourse A/ B 底層外巴士站，循 Public Transit 指標，詳細資訊可上網查詢（網址：www.wmata.com）。

也可以搭乘公車 ICC Bus Route 201，單程票價 $5，從 BWI 發車往 Gaithersburg 的路線，營運時間從早上 9:05 am 到晚上 10:05 pm，每小時一班車，途中停靠地鐵紅線 Shady Grove 站，詳細資訊可上網查詢（網址：www.mtaiccbus.com）。

巴爾的摩機場有免費接駁車到 AMTRAK 及 MARC Train 車站，接駁車班次頻繁，24 小時全日營運，兩者均可直達 D.C. 聯合車站，非常方便。AMTRAK 單程票價約 $14 ～ 35，車程約 25 ～ 30 分鐘。MARC Train 為通勤車，主要作為舒緩周間上班族與學生高流量的交通，故只有周一至五營運，搭乘 Penn Line 賓恩線由 BWI 到 Washington D.C. 單程票價為 $6，行車時間約 40 分鐘。

Data

◎ AMTRAK 網站：www.amtrak.com
◎ MARC Train 網站：mta.maryland.gov/marc-train

其他交通工具

Super Shuttle

Super Shuttle

醒目的藍色車身小巴 Super Shuttle，提供來往機場、旅館或住家最經濟方便的全天候接駁服務，範圍涵蓋全美各主要城市與機場，共乘制的概念讓旅客省下不少交通花費。D.C. 周邊的三個機場都有 Super Shuttle 的乘車點，由機場乘車無須事先預訂，直接前往 Ground Transportation Level 的服務點

購票即可，前往市區單程票價約分別為雷根機場出發 $15、
杜勒斯機場 $30、巴爾的摩機場 $38。

Data

◎ Super Shuttle 網站：www.supershuttle.com

計程車

搭乘計程車無需事先叫車，領取行李後循
Ground Transportation 或 Taxi 指示前往搭乘即可，
前往市區車資約分別為雷根機場出發 $25、杜勒
斯機場 $60、巴爾的摩機場 $90。

BWI 機場排班計程車

Data

◎ Dulles Taxi 電話：202-333-8181
◎ Washington Flyer 電話：703-572-8294

租車

各大租車公司在機場多設有櫃台，可直接前往
辦理手續，建議先在網路上完成預訂，輸入相關資
料，如城市或機場代碼、取還車時間後即可選擇車
型，除了可以取得較多優惠之外，也能確保有車。預
訂可直接上租車公司網站，或是透過 hotwire.com 及
priceline.com 等網站租車，一般來說後者可以取得較
低費率。

租車公司免費接駁車

美國常見的租車公司

從紐約前往 D.C.

　　紐約與 D.C. 之間相距約 332 公里，搭乘火車可以直接來往兩城市的中心，若能買到優惠票，將是直達市區的最佳選擇。機票價格通常較火車優惠許多，航班頻繁且省時舒適，是相當熱門的選擇。長程巴士票價最為低廉且只比坐火車稍微費時一些，巴士終點站都在市區內，適合預算有限的旅者。親自駕車前往，自由性大，但不見得便宜，因為除了租車費用之外，還必須把油錢及過路費納入預算中，單獨旅行者較不建議。若計畫在 D.C. 開車旅行，抵達 D.C. 後再租車即可。

火車鐵路

AMTRAK 美國國鐵

　　Amtrak 是 America 和 track 的合寫，意即美國的鐵路，總部位於 D.C. 聯合車站，是國營的運輸系統，安全可靠，共約有五百個車站，服務範圍遍達全美內陸四十六個州及三個加拿大省分。經營紐約和 D.C. 段主要有三個路線，分別為美國的第一條高速鐵路艾西樂特快線（Acela Express）、東北區域線（Northeast Regional）及卡羅萊線（Carolinian）。

聯合車站的 AMTRAK 美國國鐵櫃台

直達聯合車站

　　紐約賓恩站與 D.C. 聯合車站是東北區域線上的兩個最大站，幾乎每小時都有車，中途無須換車。隨身行李可攜帶兩件，托運行李三件，每件限重 23 公斤。建議於乘車時間 30 分鐘前到站候車，並辦理行李托運手續。

Data

◎ 紐約賓恩站 Penn Station（NYP）
　　地址：234 W. 31st St.-Pennsylvania Station
　　　　　8th Ave. and W. 31st/33rd St.
　　　　　New York, NY 10001
◎ D.C. 聯合車站 Union Station（WAS）
　　地址：50 Massachusetts Ave. NE
　　　　　Washington, DC 20002

車程與票價

搭乘艾西樂特快線約 2 小時 45 分鐘，普通車約 3.5 小時，購票可在 Amtrak 網站或是賓恩站售票窗口直接購買，普通車單程 $78 ～ 134、特快車單程 $186 ～ 209，票價依車種及時段有所不同。Amtrak 網站上偶有促銷訊息，幸運的話，有時可買到單程 $29 的超優惠票。

內陸飛機

航程與票價

從紐約直飛華盛頓 D.C. 周邊機場航程僅約 1 小時左右，是最快的交通方式，一般而言單程票價較火車便宜約為 $60 ～ 100，缺點是紐約機場都不在市中心，且需加上將前往機場和通過安檢等所需的時間。

Data

◎ 紐約周邊機場及代碼：
　　甘迺迪機場 John F. Kennedy International（JFK）
　　拉瓜迪亞機場 LaGuardia International（LGA）
　　紐華克機場 Newark International（EWR）

廉價內陸航空公司

經營紐約到 D.C. 間的廉價航空公司有西南（Southwest）及捷藍（JetBlue），直接上網訂票通常可以獲得較低的價錢。非旅遊旺季單程機票常在 $60 以下，西南主飛拉瓜迪亞機場到巴爾的摩機場，捷藍主飛甘迺迪機場到杜勒斯機場。

內陸機票比價網站

Kayak（網址：www.kayak.com）和 Fare Compare（網址：

www.farecompare.com）是兩個好用的機票比價和線上訂票
網站。輸入搭乘日期和機場資訊後，選擇欲加入比較的其他
線上訂票網站，便可在跳出的幾個新視窗中看到可選擇的航
班及優惠差異。

長程巴士

車程與票價

灰狗巴士車站

搭乘巴士到 D.C. 約需 4 ～ 5 小時，因途中
可能會停留費城或巴爾的摩等站。以美國最大
的長程巴士灰狗公司為例，網路票價單程約為
$22，現場購票較貴約 $37，每小時發車。

除了灰狗之外，這條路線還有許多其他的
巴士公司經營，其中也有由華人所經營的，票價
從 $1 ～ 35 不等，周間一至四票價較低，建議多
比價，常有機會能買到 $1 的促銷時段車票或僅 $9 的一般票。

搭乘巴士注意事項

· 儘早訂票以取得最低價優惠，特別是針對那些有銷售 $1
車票的巴士公司。
· 注意巴士公司的合法及安全性，可上美國巴士協會（網址：
www.buses.org）查詢。
· 線上訂票時注意是否需要印出確認函，或是只要有確認碼
即可搭車。
· 依各家規定不同於乘車時間前 1 小時至 15 分鐘抵達車站
等候。
· 有些巴士是不劃位的，如想要坐到較前排座位須儘早前往
排隊。
· 攜帶足夠的飲水及個人衛生用品如衛生紙或溼紙巾。
· 準備一件輕便的外套，車上小憩或冷氣強時可以禦寒。
· 注意隨身行李及避免穿著配戴昂貴顯眼的服飾珠寶。
· 許多巴士上現配備有免費無線網路服務及插座，可以多加
利用。
· 留意司機廣播，如不確定可向其他乘客確認，以免下錯站。

Info

訂票前可先上巴士查價網站 BusJunction（網址：www. busjunction.com），看各家巴士公司票價與車次。

☆ Bolt Bus　www.boltbus.com
每日 4 班車，票價 $13 ～ 15
☆ Greyhound　www.greyhound.com
每日 23 班車，票價 $22 ～ 37
☆ Mega Bus　us.megabus.com
每日 19 班車，票價 $5 ～ 19
☆ Washington Deluxe　www.washny.com
周一至四 4 班車、周五 9 班車、周六及日
7 班車，票價 $21 ～ 25

租車前往

車程與租金

　　從紐約前往位於其西南方的 D.C.，車程約在 4.5 小時左右，主要行駛路線為南北向的州際 95 號公路 I-95。一路上會經過相當多的收費站，約需準備 $20 ～ 30 的小鈔與零錢，方便繳費。租車費用會依天數、租車者年紀、車型及還車地點等不同而有所差異，如有需要也可加租衛星導航。

州際 95 號公路圖示

租車注意事項

· 絕大多數的租車公司要求以信用卡支付押金（多為 $100）與最終租金。
· 美國租車費率高低與年紀有關，25 歲以下者常需支付較高租金與額外收費，也有遇到拒租的可能。
· 選租經濟款的小車，通常租車公司的小車最快被租光，所以希望或說服乘客選中型車，倘若堅持要小車，常有機會改拿中型車卻支付原本小車的價錢。
· 向租車公司確認相關限制，如是否有無限哩程、可否跨州行駛等。
· 外國遊客在美沒有車險保障，建議考慮加保以防萬一。
· 不要選擇 prepaid gasoline，租車公司油價常比市價高很多，自行加足油再還車。
· 準時還車，如非不得已需要延長，請事先聯絡租車公司，否則超時常會被收取高額費率。

Data

◎網上預約
透過比價網站如 Expedia.com、Priceline.com 或 Hotwire.com 試算以了解當時行情，再上租車公司網站查詢是否有更優惠價。避免直接前往租車公司櫃台辦理，除了費率較高之外，還可能遇到無車可租的情況。

出境美國：搭機返回台灣

自市區前往機場

旅館的機場接駁車

　　除了搭乘大眾交通運輸工具之外，可以透過住宿飯店櫃台或自行電話叫車，搭乘 Super Shuttle 需先在網上預約，若飯店有提供機場接駁車，不妨多加利用。

自 D.C. 機場搭機返回台灣

　　必備證件：護照、機票。
　　出境流程：辦理報到→托運行李→安全檢查→登機

櫃台報到及托運行李

　　托運行李時確認行李條上標示最終目的地為台灣（桃園機場 TPE 或高雄機場 KHH），轉機時無須再次領取托運的行李。

前往欲搭乘的航空公司櫃台報到

安全檢查

出示護照與登機證經安檢人員核對並通過安全檢查後，即可前往候機室，離境美國不需要經過移民局與海關，只有入境時才需要。

等候登機

登機時出示護照並將登機證交給航空公司地勤人員後，即可進入機艙。

入境台灣

必備證件：護照、入境旅客申報單；外籍旅客：簽證、機票、入境登記表。

入境流程：人員檢疫→證照查驗→提領行李→動植物檢疫與海關行李檢查

入境證照審查

下機後須先通過紅外線體溫篩檢站，後依指示前往證照查驗櫃台排隊，出示護照與登機證存根予審查人員檢視並蓋入境章。

提領行李

辦妥入境證照查驗後，前往行李檢查大廳，等候領取行李。

檢疫與海關申報

依規定嚴禁攜帶新鮮水果、瓜果類植物與未經核可之動植物產品入境台灣，凡攜帶有動植物及其產品入境者，應至檢疫櫃台辦理檢疫手續。海關分有「免申報台」（綠線）與「應申報台」（紅線）兩線，所攜行李未超過免稅限額且無管制、禁止、限制進口物品者，可由綠線通關。如所攜物品超過免稅範圍，須到海關旁邊的銀行窗口繳交稅款。

免稅品範圍及數量規定，可於財政部關稅局網站（網址：taipei.customs.gov.tw）查詢。

市區交通
Metro, Bus and So On!

認識 D.C. 交通

華盛頓 D.C. 大眾交通運輸以地鐵及地鐵公車為主，涵蓋範圍廣及鄰近維吉尼亞州與馬里蘭州，有效連接市區與近郊，主要觀光景點多可透過此兩種交通工具前往，再依特殊需要輔以巡迴巴士或計程車。

都會捷運系統——地鐵（Metro）

D.C. 的地鐵系統是由華盛頓都會區運輸管理局（Washington Metropolitan Area Transit Authority, WMATA）所經營管理，正式開通於 1976 年，是全美第二繁忙的城市地鐵系統，僅次於紐約。搭乘方式類似台北捷運，可購買單程、來回或套票之儲值卡，進站時於驗票口感應或插卡，出站時重複驗票動作後完成扣款。

捷運接駁公車（Metro Bus）

旗下約有近 1,500 輛公車，超過 300 條路線與約 12,500 個停靠站，公車車身與站牌都以醒目且易辨認的藍、白、紅三色塗裝。在一般營運時間內，約每 12～15 分鐘便有一班車。

巡迴巴士（D.C. Circulator）

D.C. Circulator 自 2005 年開始營運，共有 5 條路線連接 D.C. 各區，平均每 10 分鐘一班車，可達聯合車站、喬治城、中國城、國家動物園和華盛頓國民隊球場等。票價只要 \$1，可上車投現，若使用 SmarTrip Card 付款，可享 2 小時內再轉乘任一巡迴巴士免

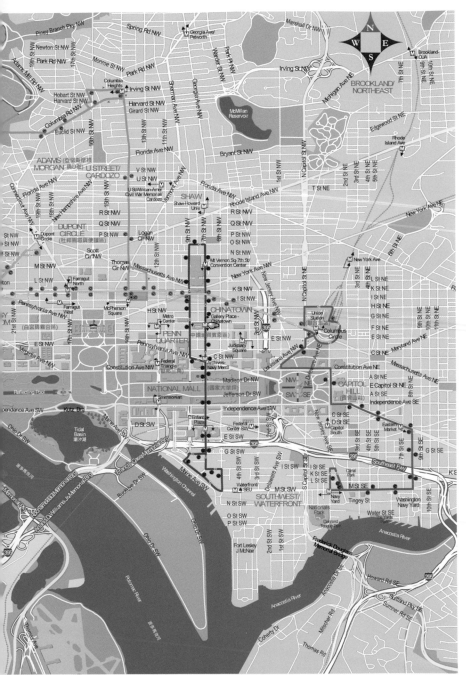

D.C. 交通路線及市區街道地圖（本地圖經 D.C. Circulator 授權本書使用 ©WMATA）

都會捷運系統——地鐵

捷運接駁公車

D.C. 巡迴巴士

費。D.C. Circulator 路線圖見 P.65。

路線及營運時間

■ Georgetown 喬治城—Union Station 聯合車站

　　每日 7:00 am ～ 9:00 pm ／周日至周四 9:00 pm ～ 12:00 am ／周五及周六 9:00 pm ～ 2:00 am

■ Woodley Park 動物園—Adams Morgan 亞當斯摩根—McPherson Square Metro 麥克弗森廣場地鐵站

　　周日至周四 7:00 am ～ 12:00 am ／周五及周六 7:00 am ～ 3:30 am

■ Convention Center 會展中心—SW Waterfront 西南海濱

　　每日 7:00 am ～ 9:00 pm

■ Union Station 聯合車站—Capitol Hill 國會山莊— Navy Yard 海軍造船廠（國民隊球場）

　　周一至周五 6:00 am ～ 7:00 pm（國民隊比賽日會延長服務）

■ Dupont Circle 杜邦圓環—Georgetown 喬治城—Rosslyn 羅斯林

　　周日至周四 7:00 am ～ 12:00 am ／周五及周六 7:00 am ～ 2:00 am

其他交通工具

計程車

　　查詢點到點之間的計程車資可以上 www.taxifarefinder. com，選擇城市為「Washington, D.C.」，再輸入出發與目的

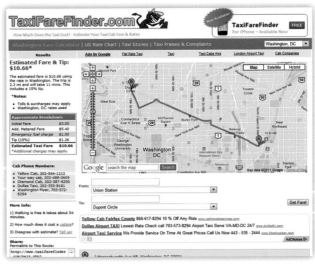

Data

D.C. 計程車公司叫車
電話：

◎ Yellow Cab：
(202) 544-1212
◎ Your Way Cab：
(202) 488-0609
◎ Diamond Cab：
(202) 387-6200
◎ D.C. Express Cab：
(202) 484-8516
◎ Georgetown Cab：
(202) 529-8979

快速計算點到點間的計程車資

地即可獲得以 D.C. 費率算出的車資與路線圖，網站還會貼心的計算出應該付給司機的小費，非常實用方便。

租車

在抵達 D.C. 市區後，如需要租車，除了自行前往各家租車公司之外，Enterprise Rent-A-Car 提供免費接送服務，他們會接有意租車的人去最近的辦公室辦理手續與取車，只要在營業時間內還車，Enterprise 會再派人將租車者送到其指定的地址或旅館，Enterprise 美國境內免付費電話 1-800-rent-a-car（800-736-8222）。

Info 路邊停車與室內停車場

在 D.C. 停車是件麻煩事，停車位非常少，且限制多。除了國定假日及周日免費之外，平日及周六均需付費，且大多限停 2 小時，即便如此仍常一位難求。周間上下班交通尖峰時段，許多路段更是禁止停車，十分不便，故開車是最不為人所推薦的 D.C. 旅遊方式。

倘若需要尋找室內停車場可以上 washingtondc. centralparking.com，查詢 Central Parking 這家公司在 D.C. 各景點附近所經營之停車場地址、營業時間及費率，並可列印折價券取得極佳停車優惠。

投幣式路邊停車計時器

地鐵路線與主要地鐵站

路線與主要地鐵站

　　D.C. 地鐵區分有紅、橘、藍、綠、黃共五線，目前共有 86 個車站及 171 公里長的軌道，地鐵網絡由市區向外呈輻射狀延伸，主要轉運站為 Metro Center 地鐵中心站（紅、橘、藍三線交會）、Gallery Place—Chinatown 畫廊—中國城站（紅、黃、綠三線交會）、L'Enfant Plaza 朗方廣場站（橘、藍、黃、綠四線交會）及 Fort Totten 塔騰堡站（紅、黃、綠三線交會）。

路線	起迄站
■ Red Line 紅線	Shady Grove 涼蔭叢　Glenmont 格林蒙特
■ Orange Line 橘線	Vienna/ Fairfax-GMU 維也納／費爾法克斯 - 喬治梅森大學　New Carrollton 新卡羅頓
■ Blue Line 藍線	Franconia-Springfield 法蘭克尼亞—春田 Largo Town Center 拉格鎮中心
■ Green Line 綠線	Branch Ave 布蘭奇大道　Greenbelt 綠帶
■ Yellow Line 黃線	Huntington 杭廷頓　Fort Totten 塔騰堡
■ Silver Line 銀線（興建中）	Route 772 州公路 772　Stadium-Armory 體育場—軍械庫

Data

◎ 地鐵營運時間：
　開站——周一至五早上 5:00 ／周六、日早上 7:00。
　關站——周日至四當日午夜 12:00 ／周五至六至次日凌晨 3:00。
　各站之末班車發車時間不同，需查詢各站內公布的末班車時刻表。

地鐵站服務台　　　　　　　　　　　月台上方螢幕顯示列車到站時間

地鐵路線圖

哥倫比亞特區(DC)都會捷運系統 - 地鐵路線圖

乘客在月台等候列車進站

交通尖峰時間地鐵班次頻繁

好用的交通票券

D.C. Metro SmarTrip Card 智旅卡

智旅卡（SmarTrip Card）是暢遊 D.C. 的最佳通行證，搭乘地鐵、地鐵公車、巡迴巴士，以及 D.C. 鄰近區域主要大眾交通運輸工具，如 DASH、Ride On、Fairfax Connector、ART、CUE 及 Omniride 等均可使用。此外，還可享轉乘其他交通工具減價及轉乘巡迴巴士免費等優惠，並可用以支付地鐵停車場費用。

智旅卡是一張如信用卡大小的可儲值塑膠卡片，卡內嵌有特殊晶片記錄使用情形及餘額，使用方式迅速簡易，出入車站驗票口時，將卡片放置於 SmarTrip 圖示上感應即可。智旅卡每張售價 $10（卡片本身 $5，內已預先儲值 $5），最高能儲值到 $300，可在地鐵中心站和各地鐵銷售中心購買，有附設停車場的地鐵站內自動票券販賣機也有出售。

1 日地鐵周遊票（1-day Metrorail Pass）

1 日周遊票售價為 $14，周一至五早上 9:30 後可無限次使用至當日午夜，周六、日及部分聯邦假日可自開站起全日無限次數使用至隔日凌晨三點。

7 日地鐵快捷票（7-day Rail Fast Trip Pass）

7 日快捷票售價為 $57.50，自第一次使用日起算有效期七天，地鐵營運時間內可無限旅程長度、時間及次數使用。

7 日地鐵短程票（7-day Rail Short Trip Pass）

7 日短程票售價 $35，自第一次使用日起算有效期七天，地鐵營運時間內可無限次數及時間使用，但早上 5:00 ～ 9:30 及下午 3:00 ～ 7:00 的兩個時段內僅可使用於單程票價在 $3.25 以內的旅程，若超過，需使用位於出口附近的補票機（Exitfare machine）補票後方可出站，其餘時段不受限制。

查詢路線、時刻與票價

地鐵與公車票價計算方式

地鐵票價依車程遠近及搭乘時段,約在 $1.70 ～ 5.75 之間,分有一般時段的周間早上 5:00～9:30、下午 3:00～7:00,以及周六、日凌晨 12:00 至關站,採一般費率計價;上下班尖峰時段的早上 7:30 ～ 9:00、下午 4:30 ～ 6:00,於一般費率上加收 0.2 美元,其餘為減價時段。公車票價以現金支付為 $1.80,使用 SmarTrip Card 支付為 $1.60。每位乘客都需購買票券,除 5 歲以下兒童有大人陪同免費。

WMATA 網站線上查詢路線、時刻、票價

登入 www.wmata.com,以查詢 Smithsonian 站到 Dupont Circle 站為例。

Step 1 輸入出發時間和選擇使用地鐵、公車或兩者均可,下方可以看到各線即時通車狀態。

Step 2 送出查詢條件後,網頁顯示規劃路線選項、所需時間及票價。

Step 1

Step 2

搭乘地鐵暢遊 D.C.

如何購票與搭乘地鐵

使用自動售票機購買單程或來回票

　　各地鐵站的出入口設置有自動售票機，接受小額現金或信用卡。

地鐵自動售票機

　　　　共有兩種形式的售票機：

　　　　1. 標示「Farecards」之售票機，一次只販售單張票，只收現金，並會於每趟旅程額外收 $1 手續費。

　　　　2. 標示「Passes/ Farecards」之售票機，除了可購買單張或多張票之外，也販售 1 日周遊票、7 日快捷票、7 日短程票及提供加值智旅卡的服務，接受現金與信用卡。

Step 1 查詢票價，對照表格與時段便可得出應付之單程或來回票價。

Step2 投入現金紙鈔或硬幣。

Step 1　　　　　　　　　　Step 2

Step 3 使用「＋」或「－」按鍵調整票卡面額。

Step 4 取票找零。

Step 3　　　　　　　　　　Step 4

使用自動售票機購買 SmarTrip Card

智旅卡的新卡售票機與一般票券售票機有所區別，特色是只售卡但不提供加值服務，外觀為銀色邊框與藍色操作面板，獨立設置約與成人同高，接受現金與信用卡。智旅卡額度用盡後可再加值，但卡片本身和未用完的卡內餘額是無法退還的。

智旅卡售票機

自動售票機 SmarTrip Card 加值 step by step

Step 1 感應票卡，觸碰標有智旅卡圖示的圓形區域，螢幕顯示卡內餘額，選 ADD VALUE。

Step 2 選擇加值方式，直接投入現金或按 B 選擇以信用卡付款。

Step 1

Step 2

Step 3 調整額度與付費，使用「＋」或「－」按鍵調整欲加值金額，按 C PRESS WHEN DONE 確認，依螢幕指示插入信用卡後再快速拔出，便完成付費動作。

Step 4 重新感應票卡，螢幕顯示 RETOUCH SMARTRIP WHEN DONE 時，重新觸碰圓形區即可。

Step 3

Step 4

進出站與搭車

進出閘門

使用顯示綠底白斜向箭頭的閘道進站，票卡正面圖案朝上插入收票口，票卡將由上方出票口吐出（用寬閘門進站時，票卡退回同一票口），取回票卡以開啟閘門；出站時重複以上動作，票卡將自動扣款回收，如有餘額票卡會退出。

智旅卡使用者於閘道口處尋找標有智旅卡圖示的感應器，輕觸感應後閘門會自動開啟，出站時再次感應票卡，螢幕顯示本趟旅程花費及卡內餘額，並開啟閘門。

使用紙卡進站

月台等候乘車

候車時注意乘車方向，可由路線和站點標示判斷，月台上方螢幕會顯示下班來車時間和目的地。

乘車方向與行經之各站名

出站補票機使用

出站時若票卡上餘額不足，閘門將不會開啟並顯示需補票，此時必須使用 Exitfare 補票機加值，插入票卡後，螢幕會自動顯示差額，補足差額後票卡會退還供出站使用。

出站補票機

如何購票與搭乘公車

上車投現／使用 SmarTrip Card

搭乘公車時需準備足額票款之現金或以 SmarTrip Card 支付,票卡感應機器位在司機座位右方,上車後先完成付款後再行就座,可於上車時告知司機欲前往的地點或站名,並於到站前拉鈴提醒司機停車。

票卡感應機器

公車站牌與候車亭

準備停靠的公車

可電話或網路查詢下班車到站時刻

市區自行車租用

自行車讓你騎免錢

Capital Bikeshare 是 D.C. 大都會區自行車資源共享系統，從 2010 年 9 月起開辦至今使用人數急速成長，現有超過 110 個取還車點，並且持續增設中，提供市區民眾與遊客短程交通的替代選擇。在 D.C. 市區、阿靈頓區與各大景點均有密集設立的取還車站，往來景點間代步非常方便，且輕鬆省力，採會員制，使用者只需付少額會費。在會員期間內可無限次數租用，每次租借的前 30 分鐘免費，若使用 1 小時也只要 $1.50。

租車方式與使用規定

前往 Capital Bikeshare 的任一租還車點，在機器上選擇加入 24 小時或 5 日會員，使用信用卡完成付款，並於取得代碼後依螢幕上指示取車，還車時不需回到原取車點，可於任一取還車點辦理。會員期間內，每次租車時只要使用同一張信用卡做會員身分認證便可取得新的代碼。

選擇最適合的費率與使用天數

依照旅行天數和行程來選擇最划算的加入時間長度，

Capital Bikeshare 廣受遊客及當地居民喜愛

24 小時會員只要 $5，非常划算

Capital Bikeshare 主要適用短時與短程交通，若想要不間斷整天使用，則向當地的腳踏車店租用較為划算。

Big Wheel Bikes

會員費		使用費	
24 小時會員	$5	0 ～ 30 分鐘	免費
5 日會員	$15	31 ～ 60 分鐘	$1.50
30 日會員	$25	61 ～ 90 分鐘	$3.00
1 年會員	$75	超過 90 分鐘後每額外 30 分鐘	$6.00

Bike and Roll Washington D.C.

Data

提供短期租賃的腳踏車店：
◎ Big Wheel Bikes（喬治城）
　地址：1034 33rd St., NW, Washington, DC 20007
◎ Bike and Roll Washington D.C.（聯合車站）
　地址：50 Massachusetts Ave. NE, Washington, DC 20002
◎ Bike and Roll Washington D.C.（舊郵政大樓後廣場）
　地址：1100 Pennsylvania Ave., NW, Washington, DC 20004
◎ Thompson's Boathouse（湯普森船屋，近喬治城）
　地址：2900 Virginia Ave., NW, Washington, DC 20007

Step 1

Step 1 ▶ 觸碰螢幕選擇 24 小時或 5 日會員，插入信用卡付費後取得代碼。

Step 2 ▶ 在車架上的機器輸入代碼，顯示綠燈後，用力拉起手把後即可把車子拉出。

Step 2

Step 3 ▶ 還車時只需將前輪推入任一空的車架，並確認綠燈亮起即可。

附註：再次取車時只要重複步驟 1 ～ 2，此時信用卡不會再扣款，除非單次使用超過 30 分鐘才會計費。

Step 3

行車安全與建議配備

　　Capital Bikeshare 的自行車上均配備前後 LED 燈與反光貼條，座椅高度可以依身高調整，騎乘前先檢查輪胎是否有充飽氣，輕晃車身確認有無鬆脫的零件。行進間建議配戴安全帽，禮讓行人優先，遵守交通號誌、規則與行車方向，轉向時以手勢提醒周遭車輛與行人。

Part
5

遊玩 D.C.
D.C. Must-See's

D.C. 分區簡介與重點提示
路線規劃與行程建議：1 日／3 日／5 日

D.C. 分區簡介與重點提示

Mama Ayesha's 餐廳外的美國總統群像

第四十四任和第一位非裔美國總統歐巴馬壁畫

D.C. 依其人口組成及發展背景可大致劃分出數個各異其趣的生活圈，每區都有其獨特的文化精髓與風格習慣，從熱鬧繁華的都會叢林到郊區藍天綠地的開闊，勾勒出這座城市殊異的迷人層次。本書分有國家大草坪、國會山莊、白宮與霧谷區、聯邦三角、中國城與賓恩區、杜邦圓環與使館區、動物園／上城西北區、亞當斯摩根與 U 街、喬治城、阿靈頓與 D.C. 外圍景點，共 11 區來介紹各區重要景點。

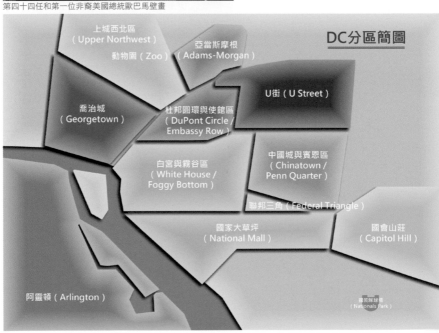

DC分區簡圖

上城西北區（Upper Northwest）
動物園（Zoo）
亞當斯摩根（Adams-Morgan）
U街（U Street）
喬治城（Georgetown）
杜邦圓環與使館區（DuPont Circle / Embassy Row）
白宮與霧谷區（White House / Foggy Bottom）
中國城與賓恩區（Chinatown / Penn Quarter）
聯邦三角（Federal Triangle）
國家大草坪（National Mall）
國會山莊（Capitol Hill）
阿靈頓（Arlington）
國民隊球場（Nationals Park）

國家大草坪（National Mall）

又被稱為國家廣場，泛指從林肯紀念堂向東延伸至國
會大廈的整片區域，是 D.C. 地標最集中的地區，同時是集
會遊行、總統就職與大型活動慶典的重要場地。開放型國家
公園無論從哪端都能一覽無遺周邊景色，兩旁林立的建築多
為史密斯梭尼亞協會旗下博物館。

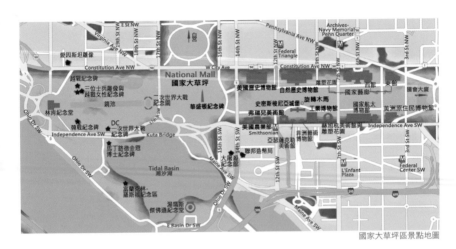

國家大草坪區景點地圖

華盛頓紀念碑（Washington Monument）

D.C. 最具象徵性的地標，為紀念領導
美國走向獨立之路的開國元首喬治‧華盛
頓而興建，工程曾因遭逢南北戰爭而中斷
三十七年之久，直到 1884 年底才正式完工。
埃及方尖碑造型高度達 169 公尺，是全市
最高的建築，從頂端最遠可看到約 50 公里
外景物，是欣賞華盛頓全景的最佳位置。

搭乘電梯到碑頂展望台是免費的，但
需要事先索票。每天早上八點在紀念碑旁
的服務中心發放當天票券，發完為止，排
隊人潮約從七點就開始出現，若要確定能
拿到門票可以打服務電話，預訂門票會加
收 2 美元服務費。

D.C. 最醒目的地標華盛頓紀念碑

Data

> 華盛頓紀念碑
> ◎ 地址：15th St. & Constitution Ave. NW
> ◎ 電話：(202) 426-6841
> ◎ 網址：www.nps.gov/wamo
> ◎ 時間：9:00 ～ 16:45，除了聖誕節之外，全年開放
> ◎ 交通：地鐵橘、藍線到 Smithsonian 站

二次世界大戰紀念園（National World War II Memorial）

座落在華盛頓紀念碑與鏡池之間，占地 3 公頃的橢圓形園區，是為了紀念在二次世界大戰中服役的一千六百萬名軍人、陣亡的四十多萬及所有為戰爭犧牲奉獻的人而建。主要以青銅和大理石構成，中心有一美麗的噴水池，四周圍繞的五十六個大理石柱及青銅花環分別代表美國五十州、戰時的 D.C. 及海外托管地，南北兩端的兩座拱門象徵大西洋與太平洋。名為自由牆的橫幅大牆上有四千顆金色的金屬星星，每顆星代表戰爭中喪生的一百人，是美國迄今唯一的二戰紀念建築。

Data

> 二次世界大戰紀念園
> ◎ 地址：17th St. at Constitution Ave. NW
> ◎ 電話：(202) 619-7222
> ◎ 網址：www.wwiimemorial.com
> ◎ 時間：8:00 ～ 23:45，全年開放
> ◎ 交通：地鐵橘、藍線到 Smithsonian 站

二次世界大戰紀念園中心的噴水池

Info

✿若有時間多停留,不妨來找鏤刻於園中牆上的有趣圖案 Kilroy Was Here。據說起源於二戰期間一位名為 James J. Kilroy 的船舶廠檢驗員,他用線條簡單的卡通塗鴉代替一般的檢查完成符號,後來廣為流行,成為美國士兵「來過此地」的象徵,在園區內共有兩處,就留待遊客自行去發掘囉(提示:Delaware)!

鏤刻於牆上的有趣圖案

傷亡士兵親友留下憑弔的鮮花和卡片

馬丁路德金恩博士紀念碑(Martin Luther King, Jr. National Memorial)

　　位在潮汐湖畔西北區,設計者為中國雕塑家雷宜鋅,園區以金恩博士一生所致力傳達的三個方向——民主、正義、希望為主軸貫穿,共使用了一百五十九塊花崗岩。其中高 30 英呎的金恩雕像名為「希望之石」(Stone of Hope),而另外兩塊岩石則名為「絕望之山」(Mountain of Despair),寓意著金恩穿越「絕望之山」後現身於「希望之石」,設計意向取自於金恩博士「我有個夢想」(I Have a Dream)演說中的名句。

Data

馬丁路德金恩博士紀念碑
◎ 地址:1964 Independence Ave. SW
◎ 電話:(888) 484-3373
◎ 網址:www.mlkmemorial.org

鏡池（Reflection Pool）

　　林肯紀念堂前的鏡池是一長方形水池，建於 1922 ～ 1923 年間，長 618 公尺、寬 51 公尺，中心水深約 76 公分，周邊較淺僅 46 公分，是 D.C. 規模最大的一座水池，從不同的角度看會映照出不同的景色。原來的鏡池是沒有過濾系統的死水，常有泥沙淤積和垃圾堵塞，故美國政府在 2010 年開始重建工程，改由潮汐湖（Tidal Basin）引水循環。

從華盛頓紀念碑上俯看鏡池和遠眺林肯紀念堂

林肯紀念堂（Lincoln Memorial）

　　為紀念美國第十六任總統亞伯拉罕‧林肯所建。位於國家大草坪的最西側，建築風格為古希臘多利克柱式，堂中坐著宏偉巨大的林肯雕像，遙望著前方的華盛頓紀念碑。這裡是美國歷史上許多重大集會與事件的發生地，並出現在無數的電影中，其中最為人所津津樂道的便是黑人民權運動領袖金恩博士在 1963 年 8 月 28 日在林肯紀念堂前所發表的雋永演説「我有個夢想」。

Data

林肯紀念堂
◎ 地址：Independence Ave. & 23rd St. SW
◎ 電話：(202) 426-6842
◎ 網址：www.nps.gov/linc/index.htm
◎ 時間：24 小時開放，全年無休
◎ 交通：地鐵橘、藍線到 Foggy Bottom–GWU 或 Smithsonian 站

入夜後的林肯紀念堂　　全大理石雕刻而成的林肯坐像

越戰紀念碑（Vietnam Veterans Memorial）

　　這片黑色花崗岩壁是用以紀念表彰所有越戰服役軍人，按照傷亡發生的時間順序，刻著五萬八千多名在越戰中死亡或失蹤的美國士兵名字。來此憑弔的人終年絡繹不絕，在密密麻麻的人名中尋找親友，獻上一束鮮花，用鉛筆在紙上拓下名字，或者只是靜靜的站立。遊客留在紀念碑前的鮮花、信件和照片，一段時間後會由國家公園管理處收集並整理保存起來，有些會被移至美國歷史博物館內展示。

Data

越戰紀念碑
◎ 地址：Constitution Ave. & Henry Bacon Dr. NW
◎ 電話：(202) 634-1568
◎ 網址：www.nps.gov/vive/index.htm
◎ 時間：24 小時開放，全年無休
◎ 交通：地鐵橘、藍線到 Foggy Bottom – GWU 或 Smithsonian 站

刻滿了越戰中死亡或失蹤美國士兵名字的紀念碑

三位士兵雕像

越戰女性紀念碑

三位士兵雕像與越戰女性紀念碑（The Three Soldiers & Vietnam Women's Memorial）

在越戰紀念碑入口處有一個三位年輕越戰軍人的真人大小銅像，雕像揭幕於 1984 年，特意塑造為美國白人、美國黑人和西班牙裔美國人的代表，生動描繪出三名士兵在戰爭中的衣著神情，面向刻滿名字的紀念牆，彷彿是對沙場中奉獻生命的弟兄做最莊嚴的致敬。附近靠近鏡池有一座紀念曾在越戰中服役女性的雕塑，重現戰場裡女性正在救治一位男性士兵的畫面，其中跪地祈禱的女性被命名為信仰（Faith），向上看的女性名為希望（Hope），撫慰著受傷士兵的女子則名為愛（Charity），象徵著「信、望、愛」。

韓戰紀念碑（Korean War Veterans Memorial）

紀念韓戰中服役的一百五十萬美軍士兵，整個園區呈三角形配置，尖端處的圓形鏡池紀念戰時被殺害、受傷或在行動中失蹤的士兵。園中豎立著栩栩如生的十九尊美軍士兵雕像，呈現出當時美軍身處在韓國野生林區時，行進間敵暗我明的未知與不安。黑色花崗岩壁上，以噴砂方式刻有兩千四百幅在戰時拍攝的照片，每幅圖像與人物都是實際場景與真人的重現，延伸的岩牆上鑲嵌著銀色「Freedom is not free」（自由非無償）字樣，用以提醒後人戰爭的代價。

超真實有臨場感的韓戰美軍士兵雕像

每幅圖片都是忠實再現歷史原貌

Data

韓戰紀念碑
◎ 地址：Lincoln Memorial Circle Southwest
　　　　Daniel French Dr. & Independence Ave. NW
◎ 電話：(202) 426-6841
◎ 網址：www.nps.gov/kowa/index.htm
◎ 時間：24 小時開放，全年無休
◎ 交通：地鐵橘、藍線到 Foggy Bottom – GWU 或 Smithsonian 站

史密斯梭尼亞城堡
（Smithsonian Institution Building）

　　史密斯梭尼亞協會總部的所在地。十二世紀諾爾曼建築風格使其獲得城堡的美名，典雅的磚紅色也為白色建築為主的國家大草坪區增添了些許活潑色彩，建議作為參觀其旗下 D.C. 地區十九間博物館前的第一站。除了有豐富的資訊及精美導覽手冊可免費索取之外，館內附設有咖啡廳可歇腳，亦有展覽品與文物供遊客參觀。

Data

史密斯梭尼亞城堡
◎ 地址：1000 Jefferson Dr. SW
◎ 電話：(202) 633-1000
◎ 網址：www.si.edu
◎ 時間：8:30 ～ 17:30，除了聖誕節之外，全年開放
◎ 交通：地鐵橘、藍線到 Smithsonian 站

非洲藝術博物館（National Museum of African Art）

　　全美數量最龐大的非洲當代藝術品展覽，共有超過九千

件的紡織、攝影、雕塑、陶藝、繪畫與影片，收藏範圍涵蓋古今及非洲各國。現為美國唯一由國家設立的非洲藝術博物館與研究中心，館內有通道可連接亞瑟‧薩克勒美術館。

Data

非洲藝術博物館
◎ 地址：950 Independence Ave. SW
◎ 電話：(202) 633-4600
◎ 網址：africa.si.edu
◎ 時間：10:00 ～ 17:30，除了聖誕節之外，全年開放
◎ 交通：地鐵橘、藍線到 Smithsonian 站

有城堡美稱的史密斯桑尼亞協會總部

亞瑟‧薩克勒美術館（Arthur M. Sackler Gallery）

收藏亞洲藝品為主，獨特的館藏包含了中國青銅器、玉器、繪畫、漆器與古老的東方陶瓷、金屬製品，還有來自亞洲的雕塑。原有約一千多件的亞洲藝術品是由亞瑟‧薩克勒醫生所捐獻，自 1987 年開館以來，現有收藏已擴增到包括十九至二十世紀的日本版畫和當代瓷器，以及印度、中國、日本、韓國和東南亞的繪畫和雕塑等。

收藏了豐富的珍貴亞洲藝術品

Data

亞瑟‧薩克勒美術館
◎ 地址：1050 Independence Ave. SW
◎ 網址：www.asia.si.edu
◎ 時間：10:00 ～ 17:30，除了聖誕節之外，全年開放
◎ 交通：地鐵橘、藍線到 Smithsonian 站

弗瑞兒美術館（Freer Gallery of Art）

　　與鄰近的亞瑟‧薩克勒美術館共組為美國的亞洲藝術博物館，兩館有地下通道相連，展出來自中國、日本、韓國、南非和東南亞的藝術品，包含了繪畫、陶瓷、一些手稿和雕塑。其中近東地區土耳其、地中海東岸及高加索等地的館藏，是由一位富裕的十九世紀實業家查理斯‧弗瑞兒所捐贈。除了亞洲藝術，弗瑞兒也收藏了十九世紀和二十世紀初的美國藝術，擁有世界上數量最多的著名印象派畫家詹姆斯‧惠斯勒畫作。

Data

弗瑞兒美術館
◎ 地址：Jefferson Dr. & 12th St. SW
◎ 網址：www.asia.si.edu
◎ 時間：10:00 ～ 17:30，除了聖誕節之外，全年開放
◎ 交通：地鐵橘、藍線到 Smithsonian 站

弗瑞兒美術館的正門入口及前庭

赫旭杭美術館與雕塑花園（Hirshhorn Museum and Sculpture Garden）

　　美術館主體有如一個巨型甜甜圈，本身就是一個現代藝術的呈現，與其館內的收藏相互輝映。收藏有近一萬兩千件二十世紀各類型當代和過去五十年間的藝術品，許多原創性的作品與突發奇想的創意，令人耳目一新。館藏主要為後

二戰時期作品，包括了著名畢卡索和馬蒂斯等人的作品；館外隔街是其附設的雕塑園，展示了包括羅丹、傑夫昆斯和亞歷山大考爾德等藝術家的作品。

Data

赫旭杭美術館與雕塑花園
◎ 地址：7th St. and Independence Ave. SW
◎ 電話：(202) 633-4674
◎ 網址：www.hirshhorn.si.edu
◎ 時間：美術館 10:00～17:30、廣場 7:30～17:30、雕塑花園 7:30 到黃昏，除了聖誕節之外，全年開放
◎ 交通：地鐵橘、藍線到 Smithsonian 站，或是橘、藍、黃綠四線均可達的 L'Enfant Plaza 站

赫旭杭美術館像個降落在國家大草坪的宇宙飛行器

國家航太博物館

（National Air and Space Museum）

航太博物館展出各式飛行器

號稱全世界訪客數最高的國家航太博物館，擁有舉世數量最大的歷史航空物件與飛行器收藏，館內多達二十二個展覽廳，收藏包含了最早 1903 年萊特兄弟原機「聖路易精神號」、阿波羅 11 號指揮艙及歷代太空裝等。遊客還可體驗長約 4 分鐘的各類模擬飛行，費用為每趟 $6.50；附設的 IMAX 戲院帶領遊客進入嘆為觀止的太空之旅，票價為每人 $8。位於入口處有一塊可供遊客觸摸的月球岩石，冰涼的特殊觸感是相當難得的經驗，最佳造訪

時段為開館或將近閉館的時間，以避開人潮，建議停留長度約 2 ～ 3 小時。

Data

國家航太博物館
◎ 地址：7th St. and Independence Ave. SW
◎ 電話：(202) 357-2700
◎ 網址：www.nasm.si.edu
◎ 時間：10:00 ～ 17:30，除了聖誕節之外，全年開放
　　交通：地鐵橘、藍線到 Smithsonian 站，或是橘、藍、黃、綠四線均可
　　　　　達的 L'Enfant Plaza 站

美洲原住民博物館

（National Museum of the American Indian）

　　美國第一座專為原住民所建的博物館，流線型的金色外觀旨在呈現經過幾千年風與水塑形的自然岩石樣貌。收藏品年代最遠可追溯自哥倫布發現美洲新大陸，包含了各部族的歷史、文化與生活器具，透過影片、音樂、舞蹈展演和互動式的導覽，幫助遊客了解印地安文化。6 ～ 8 月的第二和第四個星期五下午 5:30 在館外迎賓廣場有舉辦音樂會。

Data

美洲原住民博物館
◎ 地址：4th St. and Independence Ave. SW
◎ 電話：(202) 633-1000
◎ 網址：www.nmai.si.edu
◎ 時間：10:00 ～ 17:30，除了聖誕節之外，全年開放
◎ 交通：地鐵橘、藍線到 Smithsonian 或 Federal Triangle 站

美洲原住民博物館特殊的流線建築外觀在國家大草坪獨樹一幟

國家藝廊與雕塑花園（National Gallery of Art and Sculpture Garden）

貝聿銘設計的國家藝廊東館

東館大廳的現代藝術品展覽

Alexander Calder 的大型懸吊移動式創作

國家藝廊分為東西兩館，由地下通道連接，附屬雕塑花園位於西館左側，館藏豐富、貫串古今。新古典主義風格的西館由建築師波普設計，展出十三至十九世紀歐洲藝術，以及殖民時期至二十世紀早期美國油畫、雕塑作品，並設有版畫、素描與攝影作品陳列館。現代風格強烈的東館由建築師貝聿銘設計，主要展出永久收藏品、當代藝術作品及特展，連接東西兩館的地下通道內有一面瀑布牆，並設有自助餐廳、書店及兒童商店，露天的雕塑花園展示著大型的現代雕塑品收藏，園中心為噴水池，冬季結冰時便成為一個小型滑冰場。

Data

國家藝廊與雕塑花園
◎ 地址：4th and Constitution Ave. NW
◎ 電話：(202) 737-4215
◎ 網址：www.nga.gov
◎ 時間：周一至六 10:00 ～ 17:00、周日 11:00 ～ 18:00，聖誕節與元旦休館
◎ 交通：地鐵紅線 Judiciary Square 站、黃綠線 Archives 站或橘藍線 到 Smithsonian 站。D.C. Circulator 停靠 7th St. 與 Constitution Ave. NW 交叉口。

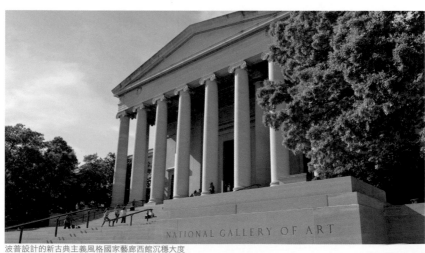
波普設計的新古典主義風格國家藝廊西館沉穩大度

自然歷史博物館
（National Museum of Natural History）

　　D.C. 最有名的博物館，受到大人、小孩不分年齡的遊客喜愛，館藏超過 1.25 億件自然科學標本與文物，包括有恐龍化石、珍貴寶石與礦物、史前人類遺跡、大型海洋生物標本和活珊瑚等。入館後映入眼簾的是此館象徵，重達 8 噸的非洲象標本——亨利，著名的展覽品還有世界上現存最大的藍鑽——希望鑽石（Hope Diamond），以及在電影「博物館驚魂夜續集」（Night at the Museum: Battle of the Smithsonian）中出現的侏儸紀暴龍 T. Rex、深海大章魚和復活島巨石像等。館中的 Samuel C. Johnson 戲院播放最新的 3D IMAX 電影，有意觀賞最好先行購票，票務資訊洽詢電話：(202) 633-4629 或 (877) 932-4629。

Data

自然歷史博物館
◎ 地址：10th St & Constitution Ave. NW
◎ 電話：(202) 357-2700
◎ 網址：www.mnh.si.edu
◎ 時間：10:00 ～ 17:30，夏季依公告延長時段，除了聖誕節之外，全年開放
◎ 交通：地鐵橘、藍線到 Smithsonian 或 Federal Triangle 站，黃、綠線到 Archives 站

Info

＊有興趣來一趟電影場景尋寶之旅？史密斯梭尼亞提供了一份可免費下載列印的藏寶圖，清楚標示了電影中所出現的博物館相對位置，詳細介紹各主要角色相對應的歷史人物及如何尋找相關收藏品的指示。這份藏寶圖並未提供紙本版，需自行列印，下載網址：www.gosmithsonian.com/nightatthemuseummovie。

自然歷史博物館大廳內非洲象標本——亨利

可免費下載的博物館夜驚魂藏寶圖

美國歷史博物館（National Museum of American History）

收藏超過三百萬件從獨立戰爭到今日與美國歷史發展相關的物件，廣泛豐富的館藏展示了美國歷史與文化的多樣性，重點展出包括有最初的星條旗、國旗與國歌背後的故事、白宮版的林肯總統蓋茲堡演説稿、主導美國歷史發展的歷屆總統介紹與第一夫人的禮服展。Spark! 實驗室讓小朋友在看似嚴肅的歷史博物館中享受動手做的樂趣與獲得啟發，底層附設餐廳並有趣味十足的美式便當盒展，透過不定期更換的特展和巡迴展覽，使遊客每次造訪都能發現新意。

Data

美國歷史博物館
◎ 地址：14th St. and Constitution Ave. NW
◎ 電話：(202) 357-2700
◎ 網址：americanhistory.si.edu
◎ 時間：10:00 ～ 17:30，夏季依公告延長時段，除了聖誕節之外，全年開放
◎ 交通：地鐵橘、藍線到 Federal Triangle 或 Smithsonian 站

美國星條旗是重點展覽　深入了解美國歷史的最佳博物館

二戰猶太大屠殺紀念館

（Holocaust Memorial Museum）

紀念二戰期間在德國納粹政權下喪生、數以百萬計的猶太受害者，館內的永久展覽部分，是透過當時遺留的文物，如不可計數死者的鞋子、納粹虐殺影片或照片，以及納粹集中營倖存者的目擊者證詞，極度寫實呈現出 1933 ～ 1945 十年間，德國納粹以凶殘手段迫害六百萬歐洲猶太人的這段歷

史。由於有大量血腥畫面、屍體與強烈死亡的意象，此展覽不建議 11 歲以下的兒童參觀。全年免費入館，唯在 3 ～ 8 月間永久展覽區需憑票才能進入，可於參觀當日提前於開館時排隊免費索取，或者於官網上預約，定額索完即止。

Data

二戰猶太大屠殺紀念館
◎ 地址：100 Raoul Wallenberg Place SW
◎ 電話：(202) 488-0400
◎ 網址：ushmm.org
◎ 時間：每日 10:00 ～ 17:30，4 ～ 6 月周二、四延長至 19:50，猶太贖罪日（Yom Kippur）與聖誕節休館
◎ 交通：地鐵橘、藍線到 Smithsonian 站

二戰猶太大屠殺紀念館

聯邦造幣局（Bureau of Engraving and Printing）

　　全名為製版與印刷局，遊客可以隔著透明玻璃，觀看真正在市面上流通的美國紙幣是如何印刷、堆疊、切割與被仔細檢查，以淘汰瑕疵品的完整過程。除了例行的印鈔工作之外，造幣局也肩負印製白宮邀請函、國庫債券、政府部門識別證、入籍證書與其他特殊安全文件等的重要任務。如在旅遊旺季的 3 ～ 8 月間造訪，需先到位於 Raoul Wallenberg Place（原 15th Street）的票亭排隊索票，早上八點開始發放，通常九點左右當日門票便已被索取一空；9 ～ 2 月間造訪無需索票，於開放時間內直接前往 14 街的入口處排隊等待進入參觀即可。

聯邦造幣局正門入口

Data

聯邦造幣局
◎ 地址：14th and C St. SW
◎ 電話：(202) 874-2330
◎ 網址：www.bep.treas.gov or http://www.moneyfactory.gov
◎ 時間：周一至五 9:00 ～ 14:00，4 ～ 8 月依公告延長至 17:00 ～ 19:00，
　　　　周六、日及聯邦國定假日、聖誕節關閉
◎ 交通：地鐵橘、藍線到 Smithsonian 站

富蘭克林‧羅斯福紀念區

（Franklin D. Roosevelt Memorial）

　　位於潮汐湖畔，總面積約 7.5 英畝的園區是紀念小羅斯福這位深受美國人民愛戴，帶領著美國走過經濟大蕭條和第二次世界大戰的前總統，他也是唯一當選四次，並執政長達 12 年的美國總統，整個紀念園是以其在職的四個時期劃分。除了有小羅斯福及他最鍾愛的小狗法拉的青銅雕像、巨石與瀑布和無數名言，如「The only thing we have to fear, is fear itself」（唯一值得恐懼的是恐懼本身）之外，也呈現了經濟大蕭條時期人民排隊領取麵包與收聽廣播爐邊談話等場景。園中還有第一夫人埃莉諾羅斯福站在聯合國會徽前的銅像，讚揚她對聯合國的貢獻。由於小羅斯福患有小兒麻痺導致不良於行，無障礙空間設計在紀念園中展露無遺，入口處映入眼簾的即是小羅斯福總統坐在輪椅上的雕像。

小羅斯福是歷年來最受美國人民愛戴的總統

Data

富蘭克林‧羅斯福紀念區
◎ 地址：1850 West Basin Dr. SW
◎ 電話：(202) 376-6704
◎ 網址：www.nps.gov/fdrm
◎ 時間：24 小時開放，全年無休
◎ 交通：地鐵橘、藍線到 Smithsonian 站

湯瑪斯‧傑佛遜紀念堂

（Thomas Jefferson Memorial）

　　紀念美國第三任總統傑佛遜，位在潮汐湖南端這座新古典主義圓頂大理石紀念堂，其設計與國家藝廊西館都是出自建築大師波普之手。紀念堂環境優美，特別是在櫻花盛開於潮汐湖畔的春季，常讓前去參觀的遊客流連忘返。大廳中豎立著 19 英呎高的傑佛遜銅像，牆上刻有獨立宣言和傑佛遜其他著作中的篇章，紀念堂位於白宮的正南方，是公認觀看白宮南面全景的最佳地點，也是欣賞國慶煙火的熱門地點。

Data

湯瑪斯‧傑佛遜紀念堂
◎ 地址：701 East Basin Drive SW
◎ 電話：(202) 426-6821
◎ 網址：www.nps.gov/thje
◎ 時間：每日 8:00 至午夜
◎ 交通：地鐵橘、藍線到 Smithsonian 站

傑佛遜紀念堂四周環境優美

國會山莊（Capitol Hill）

　　橫跨東南區與東北區，為 D.C. 最負盛名的區域，本區標的國會大廈是美國政府權力與政治最主要的運作核心所在。周邊十八至十九世紀興建的各式風格連棟屋住宅是 D.C. 最大且人口最稠密的歷史社區，居民多為國會或其他政府部門單位職員。國會北端的 D.C. 門戶——聯合車站，是交通樞紐兼歷史地標，從國會圖書館沿賓夕法尼亞大道往東市場這段，有許多咖啡店和高檔餐廳，是很不錯的散步路線。

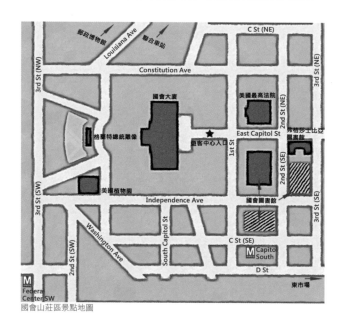

國會山莊區景點地圖

國會大廈（Capitol Building）

　　位在國家大草坪東邊盡頭的國會大廈，是 D.C. 象徵性地標。美國聯邦政府的立法機關參眾兩議院的議員在此舉行會議制定國家政策與法律，最早開會地點是在馬里蘭州的州議會大廈，後又遷至紐約聯邦國家紀念堂與費城獨立廳，1800 年才正式進駐 D.C. 當時仍在興建中的國會大廈現址。

　　國會大廈為新古典主義風格，中間圓形大廳銜接南北兩翼，北翼是參議院，南翼是眾議院。始建於 1793 年，由

華盛頓總統親自為它奠基，完工於 1811 年，但在 1812 年第二次獨立戰爭時，曾有部分被英軍燒毀，於戰後 1815 ～ 1819 年間完成重建。1850 年因議員人數越來越多，既有空間無法容納，而開始擴建工程，增加了延伸出去的兩翼與位於中央的巨型穹頂，面積多了一倍，底定了今日所見國會外觀的大致樣貌。

五層樓內共有五百四十個房間，每個房間以 S 代表 Senate（參議院）、H 代表 House（眾議院），地下有通道連接國會與其他附近的建築，三樓可讓遊客觀看議程進行。圓頂下為展覽廳，展出歷史人物與事件的繪畫、雕塑，在這之下為一地穴，地板中鑲嵌一金色星星圖案，原本預定作為華盛頓長眠之地，但最終仍決定遵其遺囑安葬於維農山莊，D.C. 即以此星為中心劃分出 NE、NW、SE、SW 這四個象限。大廈頂端的銅製自由雕像（Statue of Freedom）高 88 公尺、重達 6,800 公斤，遊客中心內有一石膏模型版本供遊客近距離觀賞細部構造。

同是白色的國會大廈常被誤認是白宮

Data

國會大廈
◎ 地址：1 1st St. NW
◎ 交通：地鐵紅線到 Union Station 站，或是藍橘線到 Capitol South 站

Info

☆ 國會遊客中心 Capitol Visitor Center
電話：(202) 226-8000
網址：www.visitthecapitol.gov
時間：周一至六 8:30 ～ 16:30，除了聖誕節、感恩節、新年與總統就職典禮日之外，全年開放
說明：地下三層樓的遊客中心開幕於 2008 年，有常態展覽及資料供遊客索取，附設餐廳與兩間禮品店。入口位在國會東側的 First Street 與 East Capitol Street 交叉口，可直接進入參觀，但免費的國會導覽行程需要預先索票，並通過嚴密安檢。索票可逕自透過網站預定，最長可約到三個月後，簡單快速方便，亦可當日於服務台現場索票，數量有限，發完為止。

美國植物園（U.S. Botanic Garden）

設立於 1820 年，種植保育了約四千種熱帶與亞熱帶植物，以及六萬多株的經濟、藥用、蘭科、食肉、仙人掌和多汁植物，有不少是從建園起便存活至今。其附屬的巴沙歐第公園（Bartholdi Park）有著相當精緻的花圃景觀，園中古典美麗的噴泉是由自由女神像的設計者法國雕塑家巴沙歐第（Frédéric Auguste Bartholdi）所設計，公園也因其而得名，被視為華盛頓人的祕密花園。

Data

美國植物園
◎ 地址：100 Maryland Ave. SW
◎ 電話：(202) 225-8333
◎ 網址：www.usbg.gov
◎ 時間：10:00 ～ 17:00，全年無休
◎ 交通：地鐵橘、藍線到 Federal Center SW 站

美國植物園是全美最先進的室內花園

國會圖書館（Library of Congress）

設立於 1800 年，隸屬美國國會的學術研究圖書館，同時是國家圖書館，主要服務為協助國會議員的各類查詢與研究。館藏超過一億兩千八百萬件，館藏量居全球最大，且以平均每天增加一萬件的速度持續擴張中，館藏包括書籍、手稿、影片、照片、樂譜和地圖等，其中最有名的便是原版古

騰堡聖經與獨立宣言草稿。

　　圖書館由傑佛遜大樓、麥迪遜紀念大樓與亞當斯大樓三棟建築組成，有地下通道相連接。其中最古老的傑佛遜大樓完工於 1897 年，建築風格為華麗的義大利文藝復興式，被視為到 D.C. 必看的最美建築之一，內有地道連接國會遊客中心。三館均開放公眾入內參觀，並不定時舉辦音樂會、電影欣賞、講座與特別活動，大閱覽室內的裝飾與雕像、富麗堂皇的大廳、巨幅壁畫與天花板瑰麗的彩繪玻璃等為遊覽重點。

　　推薦參加長度約 1 小時的免費導覽，由志工帶領深入了解美國歷史最悠久的文化機構，以及象徵性的藝術、內外觀建築所蘊含的意義與概念，不需事先預約，直接至服務台詢問即可。若要閱讀則需要攜帶有照片的身分證明文件至麥迪遜大樓辦理免費閱讀證（Reader Identification Card），但書籍文獻均不外借，只限館內閱讀。

Data

國會圖書館
◎ 地址：101 Independence Ave. SE
◎ 電話：(202) 707-5000
◎ 網址：www.loc.gov
◎ 時間：周一至六 8:30 ～ 16:30，感恩節、聖誕節與新年休館
◎ 交通：地鐵藍、橘線到 Capitol South 站

主館傑佛遜大樓為義大利文藝復興式風格

廊柱和壁畫都極有可看之處

弗格莎士比亞圖書館

（Folger Shakespeare Library）

莎士比亞被許多人認為是西方文藝史上最傑出的作家、詩人和劇作家之一，作品直至今日依然廣受世人喜愛。由弗格夫婦設立於 1932 年，並作為禮物贈送給國家的弗格莎士比亞圖書館，收藏全世界數量最龐大的莎士比亞創作出版品，以及許多珍貴稀少的文藝復興書籍、手稿與藝術品。附設的伊麗莎白女王劇場終年有戲劇、音樂會與朗誦等演出，可於網站上查詢演出資訊與購票。

Data

弗格莎士比亞圖書館
◎ 地址：201 East Capitol St. SE
◎ 電話：(202) 544-4600
◎ 網址：www.folger.edu
◎ 時間：周一至六 10:00 ～ 17:00，周日 12:00 ～ 17:00，感恩節與聖誕節休館
◎ 交通：地鐵藍、橘線到 Capitol South 站

不僅致力於研究與保存文物，也幫助更多人了解與欣賞莎士比亞作品

美國最高法院（Supreme Court）

建成於 1935 年，由建築師吉爾伯特（Cass Gilbert）設計，外觀宏偉莊嚴、猶如古希臘神殿的最高法院大廈，是貫徹美國行政、司法、立法三權分立的一種體現。西側外牆上刻著「Equal Justice Under Law」（法律之前人人平

等），東側則刻有「Justice, the Guardian of Liberty」（正義為自由之守護者），四十四級直上的石階、左右兩旁端坐的兩尊雕像——右為 Authority of Law（法律的權威），左為 Contemplation of Justice（正義的思考），與支撐大廈門面兩排共八個巨型科林斯廊柱，展現了最高法院的權威與不可撼動的氣度，也象徵著司法公平正義原則高於一切的圭臬。

Data

美國最高法院
◎ 地址：1 1st St. NE
◎ 電話：(202) 479-3000
◎ 網址：www.supremecourt.gov
◎ 時間：周一至五 9:00 ～ 16:30
◎ 交通：地鐵藍、橘線到 Capitol South 站

Info

參觀最高法院

最高法院大廈辦公時間為每周一至五 9:00 ～ 16:30，入內需通過 X 光機安檢，一樓與地下層開放遊客參觀，重點展品包括美國首席大法官約翰・馬歇爾（任期 1801 ～ 1835 年）的雕像、歷任法官的畫像與半身像，以及兩座非常獨特的懸臂式自我支撐大理石螺旋樓梯，在燈光的投射之下非常漂亮。10 ～ 4 月間遊客可以於每周一至三 10:00 ～ 15:00 觀看議程進行，但座位有限先到先得，法庭內禁止攝影。

最高法院外觀莊嚴猶如古希臘神殿　　懸臂式大理石螺旋樓梯

郵政博物館（National Postal Museum）

開幕於 1993 年，前身是 D.C. 郵政總局（1914 ～ 1986 年），展出許多珍貴的美國及世界各地郵政發展歷史文物，並有數量龐大的各國郵票收藏。館內共有六個常態展廳，主題包含殖民時期與美國早期郵務系統、郵件運輸方式演進、

軍事郵政及戰爭中的信函往來等。附設的禮品店內販售郵票、明信片、書籍與郵政相關的的紀念品。

Data

郵政博物館
◎ 地址：2 Massachusetts Ave. NW
◎ 電話：(202) 633-5555
◎ 網址：www.postalmuseum.si.edu
◎ 時間：10:00 ～ 17:30，除了聖誕節之外，全年開放
◎ 交通：地鐵紅線到 Union Station 站

大廳中展出各式郵務運輸交通工具

聯合車站（Union Station）

聯合車站除了作為 D.C. 交通最重要樞紐之外，同時是購物中心、展覽與特殊活動場地，每年約有三千兩百萬人次遊客量，提供的交通服務包括美國國鐵、D.C. 地鐵、維吉尼亞州鐵路快線和 MARC 通勤車，車站內約有一百三十家商店與紀念品店，並有高級餐廳與地下美食街。

車站廣場上，除了哥倫布紀念噴泉之外，還有複製的自由鐘，車站主要建材為大理石，外觀與內部結合數種建築風格，如仿君士坦丁凱旋門的正門立面，大廳的拱形屋頂靈感來自於羅馬帝國戴克里先浴場，而正門屋簷上的六座雕像及象徵分別為普羅米修斯——火、泰勒斯——電、泰美斯——自由與正義、阿波羅——想像力及靈感、刻瑞斯——農業、

阿基米德——力學及機械學，共同守護車站的還有共二十六座羅馬軍團百夫長雕像。

Data

聯合車站
◎ 地址：50 Massachusetts Ave. NE
◎ 電話：(202) 289-1908
◎ 網址：www.unionstationdc.com
◎ 交通：地鐵紅線到 Union Station 站

聯合車站前的哥倫布紀念噴泉

費城自由鐘的複製品

林肯總統小屋（President Lincoln's Cottage）

2008 年，在經過 1,500 萬美元修復後，始對外開放的這棟白色的哥德式復興建築。位處景色優美的山丘上，D.C. 的第三最高點，離白宮僅約 4.8 公里，是林肯在位時除了白宮之外，居住最多時間的地方，特別是在 1862 ～ 1864 年的 6 ～ 11 月間。曾於夏季居此避暑的總統還有林肯之前的布坎南（1857 ～ 1861 年）、海斯（1877 ～ 1881 年）及亞瑟（1881 ～ 1885 年）。

專人導覽行程約 1 小時，由訪客中心出發，需提前 15 分鐘報到，建議先網路或電話購票，以避免旺季時現場已無票。從地鐵站沿 Rock Creek Church Rd NW 步行約 15 分鐘。

Data

林肯總統小屋
◎ 地址：Rock Creek Church Rd. NW and Upshur St. NW
◎ GPS 定位：140 Rock Creek Church Rd. NW
◎ 電話：(202) 829-0436 x 31231
◎ 網址：www.lincolncottage.org
◎ 時間：遊客中心平日 9:30 ～ 16:30，周日 10:30 ～ 16:30；整點導覽平日
　　　　10:00 ～ 15:00，周日 11:00 ～ 15:00。感恩節、聖誕節與新年休館
◎ 門票：成人票 $12、兒童票（6 ～ 12 歲）$5
◎ 交通：地鐵黃、綠線到 Georgia Avenue / Petworth 站後，轉乘 H8 公車

林肯在此享受片刻寧靜與家庭生活　林肯會刻意早起擺脫隨扈孤身騎馬前往白宮

美國國家植物園（National Arboretum）

　　隸屬於美國農業部的農業研究署，唯一由聯邦政府支持的植物園。除了培育、推廣改良各類景觀植物之外，種植有全美各地的樹種與各式花卉，並以盆景博物館中廣泛的盆栽收藏名聞遐邇，另外還包括了季節性的展出、水生植物區和國家藥草園等，被譽為是一座「活的植物博物館」。

　　春暖花開之際是造訪的最佳時節，七十個品種的櫻花繽紛盛開蔚為奇觀。矗立於植物園大草地的二十二根科林斯砂岩廊柱是 1958 年因國會大廈擴建而移除，後於 1990 年遷移至此，也相當值得一看。園區占地廣大，建議搭乘長度約 40 分鐘的遊園車輕鬆遊覽。

Data

美國國家植物園
◎ 地址：3501 New York Ave. NE
◎ 電話：(202) 245-2726
◎ 網址：www.usna.usda.gov
◎ 時間：8:00 ～ 17:00，聖誕節休園
◎ 門票：免費參觀。導覽遊園車成人票 $4、兒童票（4 ～ 16 歲）$2
◎ 交通：地鐵藍、橘線到 Stadium Armory 站後，轉乘 B2 公車或搭計程車

國會東門的科林斯砂岩廊柱

活的植物博物館

白宮與霧谷區（White House and Foggy Bottom）

　　霧谷得名自其地理位置及從前此區常被當地工業區所飄散的煙霧瀰漫，主要景點為美國總統官邸與辦公室所在的白宮。而其前後的橢圓形廣場與拉法葉廣場，周邊幾棟政府大樓與鄰近數個美術館與博物館都值得一看，範圍延伸至潮汐湖與波多馬克河河畔的水門大廈與甘迺迪藝術中心，也是喬治華盛頓大學（GWU）主校區所在。

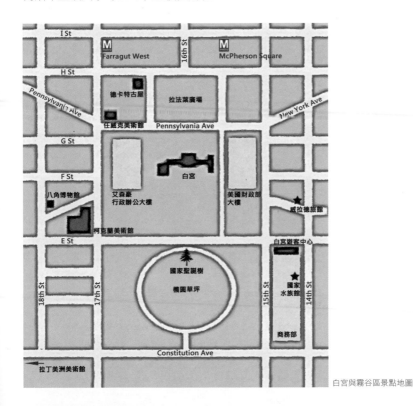

白宮與霧谷區景點地圖

白宮（White House）

　　華盛頓 D.C. 最古老的公共建築，動工於 1792 年，歷時八年建成，採用建築師 James Hoban 的設計，乃新古典主義

的砂岩建築，外觀仿照愛爾蘭的鄉間別墅，是除了喬治‧華盛頓之外，美國歷任總統的官邸與辦公室，也是美國政治與權力運作的核心。

白宮曾在 1812 年戰爭期間被英軍燒毀後歷經長時間的修復與重建，並有過數次擴建，包含地下兩層與地面上共六層，內部現有一百三十二個房間。白宮在建造之初即以白色為基調，最早被稱為總統府或總統之家，以白宮為對外正式名稱是在 1901 年由羅斯福總統確立。總統辦公的橢圓形辦公室及內閣會議室位於白宮西翼，是其與幕僚會面及進行會議的地方，由於許多重要政策的宣布都是在這裡，故白宮也常被用來代指美國政府。

Data

白宮
◎ 地址：1600 Pennsylvania Ave. NW
◎ 電話：(202) 456-7041
◎ 網址：www.whitehouse.gov
◎ 交通：地鐵橘、藍線到 Federal Triangle 站

Info

白宮遊客中心 The White House Visitor Center

地址：1450 Pennsylvania Ave. NW
電話：(202) 208-1631
時間：7:30 ～ 16:00，除了聖誕節、感恩節與新年之外，全年開放
交通：地鐵橘或藍線到 Federal Triangle 站
說明：白宮自 911 事件後，已停止接受一般訪客入內參觀，美國公民可以透過其國會議員安排十人以上團體參觀，外籍遊客需聯繫其駐美使館協助申請，但遊客仍可在遊客中心透過影片一窺白宮內部的樣貌及購買到官方授權的紀念品。

白宮正門及其前方的噴水池

拉法葉廣場（Lafayette Square）

拉法葉將軍與座騎雕像

　　占地 7 英畝，位於白宮北方，原屬白宮及行政辦公大樓區內的休憩空間，被暱稱為「總統的公園」，以法國將軍拉法葉命名。拉法葉將軍在 1777 年自備戰艦與募兵前往美國參與獨立戰爭，並在 1779 年返回法國後說服王室讓他再帶領六千名法軍前往美國對抗英軍，後協助美國完成革命並成為獨立的國家。拉法葉廣場是一多功能的公共公園，除了是歷來的政治抗議與慶祝活動場所之外，過去也曾作為賽道、動物園、墓園與奴隸市場，其周邊住宅更是十八世紀當時的名人巷。

Data

拉法葉廣場
◎ 地址：16th St. & Pennsylvania Ave. NW
◎ 電話：(202) 755-7798
◎ 交通：地鐵橘、藍線到 McPherson Square 或 Farragut West 站

艾森豪行政辦公大樓（Eisenhower Executive Office Building）

　　原名舊行政大樓，其沿襲自歐洲獨特華麗的法國第二帝國風格，是南北戰爭後美國樂觀和繁榮的縮影。位於白宮西側，有地下通道連接，建成於 1871 ～ 1888 年間，當時是作為「國家、戰爭與海軍部門」的辦公大樓，美國國務院也曾短暫設立於此。1937 ～ 1949 年間逐漸轉為美國政府的行政大樓與白宮辦公室，也是副總統辦公室、管理和預算辦公室、國家安全委員會、總統行政辦公室等的所在地。

Data

艾森豪行政辦公大樓
◎ 地址：17th St. & Pennsylvania Ave. NW
◎ 電話：(202) 395-5895
◎ 交通：地鐵橘、藍線到 Farragut West 站

氣派華麗的艾森豪行政辦公大樓

威拉德是 D.C. 名聲最響亮的旅館

威拉德旅館及辦公大樓（The Willard）

D.C. 歷史悠久且最負盛名的奢華旅館，每晚房價約在 $299 ～ 4,100 之間，離白宮僅一個街區之遙，從 1818 年開業至今一直是 D.C. 政治與社交的中心，附設有數家高價位商店與餐廳。威拉德素有賓夕法尼亞大道上的皇冠寶石及美國的旅館美譽，從富蘭克林後的歷任美國總統幾乎都曾作客於此，馬丁路德金恩博士的「我有個夢想」演說也是在威拉德內完稿的，其他造訪過的名人還有作家馬克吐溫、狄更斯及詩人惠特曼等。與旅館相鄰的辦公大樓建造於 1986 年，外觀的設計上力求與富有歷史氣息的旅館主體相呼應融合。

Data

威拉德旅館及辦公大樓
◎ 地址：1401 Pennsylvania Ave. NW
◎ 電話：(202) 628-9100
◎ 網址：washington.intercontinental.com
◎ 交通：地鐵橘、藍、紅線到 Metro Center 站

任威克美術館（Renwick Gallery）

D.C. 的第一座美術館，建築外觀為法國第二帝國風格，收藏全美最佳的美國當代藝術作品，類型廣泛、豐富有趣，包含用陶土、金屬、玻璃、木頭或纖維等素材製成許多創新且舉世無雙的藝品。一樓特展區每年春夏展出美國當代藝術

及傳統工藝作品，二樓的展覽品則從永久館藏定期輪替。

Data

任威克美術館
◎ 地址：1661 Pennsylvania Ave. NW 近 17th St.
◎ 電話：(202) 633-7970
◎ 網址：americanart.si.edu/renwick
◎ 時間：10:00 ～ 17:30，除了聖誕節之外，全年開放
◎ 交通：地鐵橘、藍線到 Farragut West 站，或是紅線到 Farragut North 站

任威克美術館

柯克蘭美術館

柯克蘭美術館（Corcoran Gallery of Art）

　　成立於 1869 年，D.C. 最早且規模最大的私立美術博物館，由當時的銀行家兼慈善家威廉·柯克蘭所擁有。今日的柯克蘭美術館包含了其美術與設計學院及展覽館，展出全世界最豐富的美國歷史與現代藝術品，包含當代藝術、攝影、繪畫、雕塑及裝飾藝術。永久展覽包含有莫內、畢卡索、德拉克羅瓦、霍普等大師的作品，附設有咖啡廳，提供早餐、午餐、點心及有機餐點等多樣選擇。

Data

柯克蘭美術館
◎ 地址：500 17th St. NW
◎ 電話：(202) 639-1700
◎ 網址：www.corcoran.org
◎ 時間：周三至日 10:00 ～ 17:00，周四延長至 21:00。周一、二、感恩節、
　　　　聖誕節與新年休館，聖誕夜與除夕夜開館至 15:00。
◎ 門票：成人 $10、62 歲以上長者與學生憑證 $8、12 歲以下兒童免費
◎ 交通：地鐵橘、藍線到 Farragut West 站，或是紅線到 Farragut North 站

八角博物館（Octagon Museum）

設計者與美國國會大廈同為 William Thornton

被譽為 D.C. 最古老與優雅的住宅，為聯邦時期建築的代表之一，雖非廣為人知的主要景點，卻在歷史上扮演過舉足輕重的角色。1812 年戰爭期間英軍燒毀白宮，麥迪遜總統曾以這個離白宮只有幾個街區之遙的八角形房子作為暫時居所，而結束與英國此次戰役的根特協定（Treaty of Ghent）便是在二樓客廳所簽訂，目前由美國建築基金會負責維護管理。

Data

八角博物館
◎ 地址：1799 New York Ave. NW
◎ 網址：www.theoctagon.org
◎ 時間：周一至五 8:30 ～ 17:00
◎ 門票：成人 $5、長者與學生憑證 $3
◎ 交通：地鐵橘、藍線到 Farragut West 站，或是紅線到 Farragut North 站

拉丁美洲美術館（Art Museum of the Americas）

致力於拉丁美洲與加勒比海地區的現代及當代藝術品

小而饒富趣味的美術館

收藏與展出為主的藝廊，並有南美洲與中美洲藝術的紀錄片供訪客欣賞。美術館為西班牙殖民風格建築，後方有一優美的庭園，正門鮮黃色的雕塑象徵的是拉丁文化中賴以為生的主食玉米。

Data

拉丁美洲美術館
◎ 地址：201 18th St. NW
◎ 電話：(202) 458.3362
◎ 網址：museum.oas.org
◎ 時間：周二至日 10:00 ～ 17:00，周一及聯邦假日休館
◎ 門票：免費參觀
◎ 交通：地鐵橘、藍線到 Farragut West 站

甘迺迪藝術中心（John F. Kennedy Center）

開幕於 1971 年，在此呈現的藝文活動包含戲劇、舞蹈、芭蕾、交響樂、爵士、音樂劇、民間與流行音樂，每年約近三千場次的演出及兩百萬觀賞人次是全美之冠。

中心內的三個主要劇院分別為音樂廳、歌劇院及艾森豪劇院，還有中小型的表演場地數個，每日下午六點在前廳的千年舞台（Millennium Stage）有免費的表演，開放訪客自由入場觀賞。免費專人導覽時段為周一至五 10:00 ～ 17:00，以及周六、日 10:00 ～ 13:00。附設的屋頂露台餐廳景觀優美、氣氛極佳，據說可以飽覽波多馬克河美景的露台，可說是求婚的熱門地點唷！

中心大廳放置了甘迺迪巨型頭像

Data

甘迺迪藝術中心
◎ 地址：2700 F St. NW
◎ 電話：(202) 467-4600
◎ 網址：www.kennedy-center.org
◎ 交通：地鐵橘、藍線到 Foggy Bottom / GWU Station 站後，步行或搭乘接駁車前往

水門大廈（The Watergate Complex）

與甘迺迪藝術中心比鄰，由六棟樓房所組成的複合式建築群，包括有住宅區、商辦大樓與水門飯店，總落成於 1971 年 1 月。因生活機能極佳，附設有游泳池、健身房、美容院、藥房及各式商店，住戶享受著便利與高品質的生活，曾被視為 D.C. 最理想的生活空間，許多政商名流紛紛入住，使得水門一時之間成為權力的象徵。

而真正讓水門聲名大噪的，莫過於 1972 年的水門事件。當時積極競選連任的共和黨總統尼克森下令情報人員在位於水門大廈的民主黨總部安裝竊聽器並竊取文件，事件曝光後尼克森極力否認並仍高票勝選，後續的調查卻指證歷歷尼克森是主謀。1974 年尼克森黯然請辭下台，至今仍是美國歷史上最不光彩的政治醜聞。

從波多馬克河上觀看水門大廈建築群

水門飯店自 2007 年停業重新裝修至今，曾經數次法拍並流標後產權幾經轉手，預計在 2013 年重新開張營業。

Data

水門大廈
◎ 地址：2650 Virginia Ave. NW
◎ 交通：地鐵橘、藍線到 Foggy Bottom / GWU Station 站

聯邦三角（Federal Triangle）

由賓夕法尼亞大道、憲法大道及 15 街圍成的三角地帶，此區擠了十棟大型市府與聯邦政府的辦公大樓，多數建於 1930 年代。不少建築曾多次出現在電影中，尤其是聯邦調查局、國家檔案局和司法部，都是影迷們不可錯過的地方。

舊郵政大樓（The Old Post Office Pavilion）

建於 1899 年，舊郵政大樓是 D.C. 第三高的建築，高聳的百年鐘樓在藍天背景的襯托下，更顯得雄偉，塔頂高約 96 公尺，最高觀景點約在 86 公尺處，是一覽 D.C. 美景的絕佳去處。雖其作為 D.C. 郵政中心使用僅有短短的十五年，但便足以讓它被冠上一個「舊」字稱號，現在用途主要是樓上辦公室、一樓與地下室的一些紀念品商店、餐廳與舞台，偶有舉辦活動，但缺乏資金維護與更新，整體仍顯得有些光華褪去與沒落，各入口進入時均需要通過安檢。

塔頂所見的 D.C. 美景令人屏息

Data

舊郵政大樓
◎ 地址：1100 Pennsylvania Ave. NW
◎ 電話：(202) 289-4224
◎ 網址：www.oldpostofficedc.com
◎ 時間：周一至六 10:00 ～ 19:00，周日 12:00 ～ 18:00
◎ 交通：地鐵橘、藍線到 Federal Triangle 站

聯邦調查局（FBI）

全名是 Federal Bureau of Investigation，設立於 1908 年，主要的目標是捍衛美國免於受到恐怖分子攻擊與間諜行動威脅，打擊跨國與美國國內的犯罪組織，維護人民安全與防制

暴力等。位於 D.C. 的這棟土黃色大樓為 FBI 全球總部,並未對外開放給一般遊客參觀,但 FBI 的名氣仍使得這棟挺低調的大樓成為 D.C. 的熱門拍照景點。

外觀極低調的 FBI 總部大樓

Data

聯邦調查局
◎ 地址:935 Pennsylvania Ave. NW
◎ 網址:www.fbi.gov
◎ 交通:地鐵黃、綠線到 Archives-Navy Memorial-Penn Quarter 站

美國海軍紀念區(US Navy Memorial)

分有室外廣場與紀念中心,表揚與紀念美國海軍的貢獻,圓形廣場為一大型花崗岩海的世界地圖,四周圍繞以噴泉、水池和描繪著海軍歷史與成就的黑色雕刻,以及一座象徵所有曾經在海上服役過者的孤立水手雕像和他的行囊。夏季每周二晚上八點,廣場有海軍樂團的免費演出可欣賞。中心內有互動式展覽與影片播放,並有一面紀念牆,附設的禮品店販賣獨特的海軍相關紀念品。

水手雕像是海軍的象徵

Data

美國海軍紀念區
◎ 地址:701 Pennsylvania Ave. NW
◎ 電話:(202) 737-2300
◎ 網址:www.navymemorial.org
◎ 時間:廣場 24 小時開放、紀念中心 9:30 ～ 17:00
◎ 交通:地鐵黃、綠線到 Archives-Navy Memorial-Penn Quarter 站

國家檔案局

(National Archives of the United States)

收藏有美國珍貴的歷史文件原始本,並對外開放參觀,使一般民眾也有機會近距離親眼觀看到這些國家寶藏,其重要館藏包含了美國政府自由憲章、美國憲法、人權法案及獨立宣言等。此外,還有展出美國在內政、軍事、外交各方面及歷史重大事件的相關文獻,旅遊旺季時是非常熱門的景點,同一時段進場人數有限制,建議先行透過網路 www.recreation.gov 或電話 (877) 444-6777 預約。

國家檔案局收藏重要美國歷史文件

Data

國家檔案局
◎ 地址：700 Pennsylvania Ave. NW
◎ 電話：(866) 272-6272
◎ 網址：www.archives.gov
◎ 時間：春夏（3 月 15 日至 9 月初勞工節）10:00 ～ 19:00，秋冬（勞工
　　　　節後至 3 月 14 日）10:00 ～ 17:30，聖誕節與感恩節休館
◎ 交通：地鐵黃、綠線到 Archives-Navy Memorial-Penn Quarter 站

新聞博物館（Newseum）

　　D.C. 少數需要付費的博物館，共七層樓，占地 23,000 平方公尺，多達十五個劇場和十四個展覽廳，透過文字、聲音、影像及高科技互動方式帶領遊客進入新聞世界裡，展出素材包羅萬象兼具古今與世界性，非常豐富且有可看性。常態性主題展覽包括有新聞發展歷史、廣播電視網路發展、世界今日頭版、普立茲獎相片展、911 特輯、柏林圍牆等，最佳參觀動線為由頂樓開始逐層往下，可別錯過從新聞博物館最高處遠眺國會的美景唷！

新聞博物館建議安排至少半日參觀

Data

新聞博物館
◎ 地址：555 Pennsylvania Ave. NW
◎ 電話：(202) 292-6100
◎ 網址：www.newseum.org
◎ 時間：9:00-17:00 聖誕節、新年與感恩節休館
◎ 門票：成人（19 ～ 64 歲）$21.95、長者（65 歲以上）$17.95、兒童及
　　　　青少年（7 ～ 18 歲）$12.95、6 歲及以下幼童免費
◎ 交通：地鐵黃、綠線到 Archives-Navy Memorial-Penn Quarter 站，或是紅、
　　　　綠、黃線到 Gallery Place-Chinatown 站

福特戲院與彼得森之家（Ford's Theatre / Petersen House）

　　福特戲院絕對是美國最有名的戲院之一，1865 年 4 月 14 日林肯總統在福特戲院遇刺，此後戲院關閉了長達一百零三年之久。在 1968 年重新對外開放，以向林肯對於表演藝術的熱愛致敬，戲院同時規劃有林肯博物館，館內展出其生前使用過的物品及遇刺當晚的穿著。

福特戲院

遭到槍擊後，林肯立刻被移往對街的一戶民宅接受救治，屋主是一位名為彼得森的德裔裁縫師，經過徹夜的努力還是回天乏術，林肯在翌日早晨七點四十四分時嚥下最後一口氣。彼得森之家現為國家歷史遺址，內部已恢復當年的擺設，並重現林肯最後一晚的情景。

彼得森之家

Data

福特戲院與彼得森之家
◎ 地址：511 10th St. NW
◎ 電話：(202) 347-4833
◎ 網址：www.fords.org
◎ 時間：9:00 ～ 17:00，聖誕節與感恩節休館
◎ 交通：地鐵紅、藍、橘線到 Metro Center 站，或是黃、綠線到 Archives-
　　　　Navy Memorial 站

中國城與賓恩區

（Chinatown / Penn Quarter）

D.C. 市中心的東南區塊，以中國城與 Verizon 體育中心（原名 MCI）周邊為重心，人文氣息濃厚，中西文化交融在此展露無遺。這個深富歷史文化的社區，過去曾沒落了很長一段時間，主因為 1968 年 D.C. 種族暴動後大批華人遷出市中心向西移動，直到 1997 年 MCI 體育中心開幕，才又帶來了人潮復甦振興本區，各種娛樂和商業場所逐漸蓬勃發展，如今是充滿活力的不夜城。

中國城與賓恩區景點地圖

中國城牌坊（Chinatown's Friendship Arch）

抵達地鐵中國城站後循 7th & H St. Chinatown 指示出站，一上電扶梯後就可以看見 D.C. 中國城的象徵——友誼牌坊，1986 年由一位當地的華裔建築師所設計。

Data

中國城牌坊
◎ 交通：地鐵紅、綠、黃線到 Gallery Place-Chinatown 站

中國城象徵的友誼牌坊　　間諜博物館是 D.C. 少數需要付費的博物館之一

國際間諜博物館（International Spy Museum）

美國唯一以間諜為主題的博物館，互動式展出占的比重極大，九百多幅圖片、難得的珍貴影片，加上六百多件世界各地的間諜道具展品，如隱形墨水、微型相機、鞋跟竊聽器和口紅手槍等，別具巧思令人大開眼界。值得一看的還有各國情報員的祕密武器和二十一世紀間諜所面臨的種種挑戰，此外也揭露了不少間諜們不為人知的祕密喔！

Data

國際間諜博物館
◎ 地址：800 F St. NW
◎ 電話：(202) 393-7798
◎ 網址：www.spymuseum.org
◎ 門票：成人（18～64 歲）$19.95、長者（65 歲以上）$14.95、青少年（7～17 歲）$13.95、6 歲及以下幼童免費，每周二優惠均一票價 $10
◎ 交通：地鐵紅、綠、黃線到 Gallery Place-Chinatown 站，或是紅、藍、橘線到 Metro Center 站

犯罪與刑罰博物館（National Museum of Crime & Punishment）

自 2008 年開幕以來頗受好評的特殊題材博物館，主要的展出主題有美國歷史上惡名昭彰的罪犯、聯邦調查局特工訓練、CSI 實驗室經驗、美國的頭號通緝犯和許許多多令人看了不寒而慄的刑具，如真正使用過的電椅、絞繩、毒氣室和獄房。若是電視影集 CSI 的忠實觀眾可千萬不要錯過，於官方網站上購票可以折價 $2。

Data

犯罪與刑罰博物館
◎ 地址：575 7th St. NW
◎ 電話：(202) 621-5567
◎ 網址：www.crimemuseum.org
◎ 門票：成人（12～59 歲）$19.95、長者（60 歲以上）$16.95、兒童（5～11 歲）$14.95、5 歲以下幼童免費
◎ 交通：地鐵紅、綠、黃線到 Gallery Place-Chinatown 站

鉅細靡遺的重現犯罪現場

化身法醫和鑑識人員尋找線索

國家肖像藝廊（National Portrait Gallery）

與史密斯梭尼亞系統的美國藝術博物館位在同一建築內，全美最佳的希臘列柱式建築的代表之一。肖像藝廊內有六個常設展覽廳，收藏了近兩萬件的繪畫、照片與雕塑品，其中包含了大量的肖像畫，絕大多數是在美國歷史、文化、政治、經濟等各方面發展過程中扮演舉足輕重的人物。訪客可以透過畫像或雕塑了解其生平與曾經或至今所產生的影響，其中的美國總統特輯與二十世紀美國人物特展都相當值得一看。

Data

國家肖像藝廊
◎ 地址：8th & F St. NW
◎ 電話：(202) 633-8300
◎ 網址：www.npg.si.edu
◎ 時間：11:30 ～ 19:00，聖誕節休館
◎ 交通：地鐵紅、綠、黃線到 Gallery Place-Chinatown 站

國家肖像藝廊　　　　　　華盛頓總統全身像

美國藝術博物館（American Art Museum）

　　全美第一個以收藏美國本土藝術為主軸的博物館，與白宮附近的任威克美術館為姐妹館。館藏超過七千位藝術家、橫跨三個多世紀的四萬一千件作品，展出作品類型與素材廣泛，尤以跳脫既有思維的現代藝術創作品特別為遊客所歡迎。每日中午 12:30 與下午 2:00 有專人導覽行程，於大廳集合出發。兩個博物館中間是一個室內的庭園，附設有咖啡廳，即便是整日參觀也有可供休息與用餐的地方。

Data

美國藝術博物館
◎ 地址：8th & F St. NW
◎ 電話：(202) 633-7970
◎ 網址：americanart.si.edu
◎ 時間：11:30 ～ 19:00，聖誕節休館

Duane Hanson 的用餐女子　　Nam June Paik 的電子高速公路
蠟像

國家建築博物館（National Building Museum）

　　博物館本體就是一個非凡的建築工程代表，華麗高聳的八根希臘柯林斯圓柱，柱頭上圍繞著精緻的莨苕葉裝飾，四層樓高的中庭營造出一個極為寬廣的室內開放式空間，還曾經作為十六位美國總統的就職典禮舞會場地。館內陳列著 D.C. 內建築物的模型、照片及這座城市演進的歷程，致力於透過講述建築工程設計背後的故事，讓更多人能了解以提升未來建築環境的品質。進入博物館大廳與商店是免費的，但參觀特別展覽則需要另外付費。

世界上最大的科林斯柱

Data

國家建築博物館
◎ 地址：401 F St. NW
◎ 電話：(202) 272-2448
◎ 網址：www.nbm.org
◎ 時間：周一至六 10:00 ～ 17:00，周日 11:00 ～ 17:00，感恩節與聖誕節休館
◎ 門票：免費入館。特展另外收費，成人票 $8，兒童、學生、長者票 $5。
◎ 交通：地鐵紅線到 Judiciary Square 站，或是紅、綠、黃線到 Gallery Place-Chinatown 站

國家建築博物館原為美國退輔局（Pension Bureau）所在

杜邦圓環與使館區
（DuPont Circle / Embassy Row）

多元文化及流行趨勢最顯著的地區，以圓環為中心的周邊區域是 D.C. 最熱鬧的鄰里，歷史建築、各國使館、異國餐廳、夜店酒吧、特色書店與私人畫廊群聚，是人文藝術薈萃之處，是年輕人與追求時尚者的聖地，更是 D.C. 夜生活的中心。

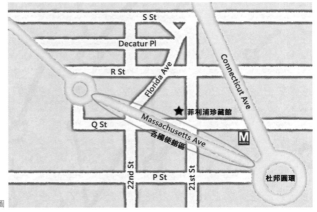

杜邦圓環與使館區景點地圖

杜邦圓環（DuPont Circle）

杜邦圓環毫無疑問的是 D.C. 最有名圓環，多采多姿和開放包容的生活環境，吸引許多剛自大學畢業的學生和不少同性戀者前來居住。圓環內公園由國家公園管理處管理，除

杜邦圓環是在朗方城市計畫中特別規劃的公共廣場

了提供長椅和草地供遊客休憩之外，還廣泛設置西洋棋石桌椅，棋友們捉對廝殺和屏氣凝神圍觀的路人也成了杜邦圓環的獨特景觀。中央噴水池其上的三尊雕像分別象徵著海洋、風與星星，是少數在 D.C. 不以軍事或戰爭相關活動與人物為主題的雕像。

Data

杜邦圓環
◎ 交通：地鐵紅線到 DuPont Circle 站，地鐵公車 42、G2、L2、N2、N6

各國使館區（Embassy Row）

使館區一般指的是從杜邦圓環開始的麻薩諸塞斯大道到國家大教堂這段，沿路兩旁建築風格各異其趣、自有千秋的外國使館林立，在短短的 4 公里路上窺見世界。作為一個世界大國首都，D.C. 有近兩百個外國使館、辦事處和使團駐地，由於此區使館相當集中，因而得名，但實際上僅有不到一半的使館是位在這條「使館大道」上呢！其他則多分布在康乃迪克大道或史考特圓環到威斯康辛大道之間，到了使館區在欣賞建築之美時，不妨玩一下從建築外觀來猜是哪國使館的遊戲，若真的毫無頭緒，就只好從高掛的國旗來獲得線索囉！

Data

各國使館區
Ⓤ 地址 · Massachusetts Ave. N.W.

使館前懸掛著該國國旗　　菲利浦珍藏館收藏許多印象派大師作品

菲利浦珍藏館（Phillips Collection）

美國第一個現代藝術博物館，不屬於聯邦政府的私人機構，由收藏家 Duncan Phillips 於 1921 年為紀念其父親所創立。憑藉著其畫家妻子的協助與建議，收藏品日趨豐富具系統性，包括許多印象派與現代大師的作品，如梵谷、雷諾瓦、莫內、狄更斯及畢卡索等人的繪畫。常態性展品約三千多件，其中雷諾瓦的「船上的午宴」（Luncheon of the Boating Party）被譽為鎮館之寶。建議安排半日的行程以便

能細細品味館中眾多名作，附設有簡餐咖啡廳與禮品店。

Data

菲利浦珍藏館
◎ 地址：1600 21st St. NW
◎ 電話：(202) 387-2151
◎ 網址：www.phillipscollection.org
◎ 時間：周二至六 10:00 ～ 17:00，周四延長至晚間 20:30，周日 11:00 ～
　　　 18:00，主要節日休館
◎ 門票：平日 18 歲以下免費，成人自由樂捐；周六、日 18 歲以下免費，
　　　 成人 $12，長者與學生憑證 $12。
◎ 交通：地鐵紅線到 DuPont Circle 站

動物園、上城西北區（Upper Northwest）

約從動物園往西北一路到馬里蘭州的貝塞斯達市
（Bethesda），可謂是全美最富裕且居民教育程度平均最高
的地區。進入貝塞斯達市郊後，常可見到一棟比一棟令人瞠
目結舌的超級豪宅，本區主要的景點還包括國家大教堂、
克里夫蘭站周邊與石溪公園，而 Van Ness 站與 Tenleytown
站附近也有一些小商店、餐廳及酒吧，再往北是熱鬧的
Friendship Heights 站周邊高級精品商圈。

上城西北區景點地圖

國家動物園（National Zoological Park）

　　占地 163 英畝的國家動物園，是約四百種、合計超過兩千隻動物在 D.C. 的家，包含了大熊貓、亞洲象、大猩猩、老虎、獅子、鳥類和爬蟲類等不勝枚舉。其中最受遊客歡迎的莫過於是添添和美香這對大熊貓，牠們是中國大陸於 2000 年時出借給國立動物園的，2005 年時透過人工受孕方式誕下泰山，並成為動物園歷史上第一隻成功存活的仔熊，牠們可愛逗趣模樣颳起的熊貓熱至今仍未退燒，原訂的十年租約也延長至 2015 年。動物園位於 Woodley Park-Zoo 與 Cleveland Park 兩站中間，步行約 10 ～ 15 分鐘，建議在 Cleveland Park 站下車，下坡較為省力。

Data

國家動物園
◎ 地址：3001 Connecticut Ave. NW
◎ 電話：(202) 633-4888
◎ 網址：nationalzoo.si.edu
◎ 時間：4 ～ 10 月 10:00 ～ 18:00，11 ～ 3 月 10:00 ～ 16:30
◎ 交通：地鐵紅線到 Woodley Park-Zoo / Adams Morgan 站或 Cleveland Park 站

國家動物園入口

大熊貓的展示與介紹

大快朵頤嫩竹的熊貓

國家大教堂（Washington National Cathedral）

　　大教堂的工程起始於 1907 年，由當時的總統老羅斯福安置基石，工程持續了八十三年，建成於 1990 年，是世界第六大與美國第二大的哥德式大教堂，同時是 D.C. 第四高的建築物，正式的名稱是聖彼得與聖保羅教堂（Cathedral Church of St. Peter and St. Paul）。

　　外觀巍峨壯觀、氣勢傲然，凌空升騰的尖塔與鬼斧神工的精細雕刻，絢麗奪目的彩繪玻璃窗與內部宏偉莊嚴的挑高長廊，在在讓人嘆為觀止，這座城市中的瑰寶每年吸引約

宏偉的國家大教堂

四十萬遊客造訪。2011 年美東大地震，使得部分結構嚴重受損，完全修復預計需要七至十二年及花費數百萬美元。教堂提供定時專人導覽，欲參訪內部無需事先預約，但建議先上網確認提供服務之日期、時段。

Data

國家大教堂
◎ 地址：3101 Wisconsin Ave. NW
◎ 電話：(202) 537-6200
◎ 網址：www.nationalcathedral.org
◎ 門票：入內參觀導覽費用 $5
◎ 交通：地鐵紅線到 Tenleytown / AU 站後，轉乘地鐵公車 31、32、36、37 或步行下坡前往

亞當斯摩根與 U 街

（Adams-Morgan / U Street）

　　D.C. 最兼容並蓄的多元種族文化社區，各國移民帶來家鄉的美味，拼出這張 D.C. 最佳異國美食地圖，色彩繽紛、活力十足。當夜幕低垂、華燈初上，獨具風情而令人為之狂熱的迷人夜生活才正要登場，無論是想要盡情狂歡或悠閒自在的品味獨特氛圍，都可以在這裡得其所好。

亞當斯摩根區景點地圖

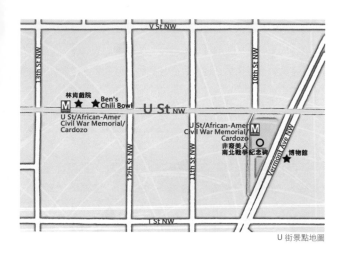

U 街景點地圖

亞當斯摩根（Adams-Morgan）

　　約在 18 街與 Columbia Road 交會處，越夜越美麗的亞當斯摩根是 D.C. 夜生活最為繁華的區域之一，酒吧、俱樂部與各類型特色餐廳特別集中在 18 街上，周末的午夜街道上常熱絡得寸步難行。整排色彩亮麗繽紛的房子是亞當斯摩根的特殊景觀，這些連棟屋和公寓泰半是建於十九世紀末到二十世紀初，牆上或巷弄中的大型壁畫和塗鴉，早成為亞當斯摩根次文化的獨有精神與活力象徵。多元種族文化共存是本區特色，每年 9 月的第二個星期日是亞當斯摩根日，有現場音樂演奏和來自世界各國的舞蹈、藝術表演和令人垂涎三尺的異國美食饗宴。

常被作為亞當斯摩根代表的壁畫

Madam's Organ 紅髮女子壁畫

色彩繽紛的連棟屋

Data

亞當斯摩根
◎ 網址：www.adamsmorgannow.com
◎ 交通：地鐵紅線到 Woodley-Park Zoo / Adams Morgan 站或 Dupont Circle 站

U 街（U Street）

　　U 街是 D.C. 西北區的一個大型商業與住家混合區，發展起源於英國維多利亞時期的 1862 ～ 1900 年間，曾是全美規模最大的非裔美人社區，長期以來是 D.C. 的音樂藝術首都，被譽為是黑色百老匯（Black Broadway）。對美國音樂極富影響力的黑人爵士樂大師艾靈頓公爵（Duke Ellington），孩童時期便是於此度過。

　　1968 年金恩博士遭到暗殺後，U 街進入了黑暗期，特別是在 14 街與 U 街交叉口，衝突與暴力攻擊事件層出不窮，70 年代更墮落為 D.C. 毒品交易的中樞，直到 90 年代亞當斯摩根的振興及地鐵的興建帶動本區恢復安定繁榮。知名的爵士藍調俱樂部 Bohemian Caverns、其他歷史悠久的爵士音樂廳及多家新開的夜店，使 U 街成為最新興的時尚夜生活娛樂區。

U 街被譽為是黑色百老匯

Data

U 街
◎ 交通：地鐵黃、綠線到 U Street / African-Amer Civil War Memorial 站

非裔美人南北戰爭紀念碑與博物館（African American Civil War Memorial and Museum）

　　The Spirit of Freedom 紀念碑位在 U 街上、地鐵電梯出口，紀念南北戰爭中服役的 209,145 位美國黑人士兵。對街的博物館位置較隱密，可在兩旁一紅一白的磚牆建築之間尋找黑色鐵門入口。館內展出照片、報紙與複製的南北戰爭時期軍服與武器，幫助遊客了解非裔美人背後的故事，參觀時間約 30 ～ 45 分鐘。

Data

非裔美人南北戰爭紀念碑與博物館
◎ 地址：1925 Vermont Ave. NW
◎ 電話：(202) 667-2667
◎ 網址：afroamcivilwar.org
◎ 時間：周二至五 10:00 ～ 18:30，周六 10:00 ～ 16:00，
　　　　周日 12:00 ～ 16:00
◎ 交通：地鐵黃、綠線到 U Street / African-Amer Civil War Memorial 站

喬治城（Georgetown）

　　D.C. 最古老悠久的城區，鄰近波多馬克河畔，與維吉尼亞州僅一河之隔，以興盛的商業、餐飲娛樂與休閒活動名聞遐邇，M 街與威斯康辛大道為最繁華熱鬧的地段，優越的地理位置使得本區自殖民時代起便為重要的港口與工商業中心。隨著時代變遷不斷蛻變的喬治城，既現代又歷史感十足，前一分鐘還穿梭在鵝卵石街道與百年古屋之間，下一分鐘已步進蘋果門市裡把玩最新款的平板電腦，新舊的界定在這裡不適用於二分法。

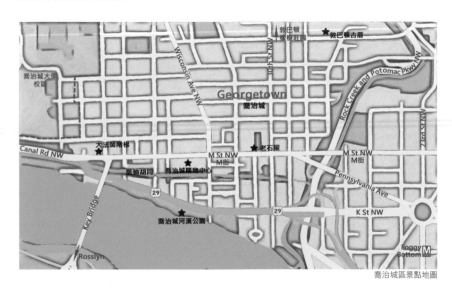

喬治城區景點地圖

喬治城大學（Georgetown University）

　　成立於 1789 年，全美最古老的私立天主教大學。國際關係與法律為其強項，名人校友更是不計其數；男籃校隊是東岸強隊，屢獲佳績。喬治城大學共有三個校區，位在喬治城的主校區占地僅約 0.4 平方公里，卻有高達四十五棟建築，多為哥德式與頗具貴族氣息的喬治亞式紅磚建築。直入雲霄的尖塔希利廳（Healy Hall）最為醒目，是此校的代表性建築，校園環境優美，極富人文氣息。周一至五 5:00 ～ 24:00 在地鐵 Rosslyn 與

喬治城大學的代表性建築希利廳

紅線 Dupont Circle 站外可免費搭乘 Georgetown University Transportation Shuttle（GUTS）接駁車進入校區，每 10 分鐘一班。

Data

喬治城大學
◎ 地址：37th and O St. NW
◎ 電話：(202) 687-0100
◎ 網址：georgetown.edu
◎ 交通：地鐵橘、藍線到 Rosslyn 或 Foggy Bottom / GWU Station 站，步行約 25 ～ 30 分鐘

老石屋（Old Stone House）

老石屋是喬治城必訪的景點

建於 1765 年，是目前已知的 D.C. 最古老私人住宅，簡單的十八世紀殖民時期風格建築，同時是就地取材的鄉土建築代表，主要的建材藍色花崗岩及散石塊便是取自鄰近的波多馬克河畔。雖然房屋面積不大，但其歷史價值非凡，且位於喬治城的超精華地段，據估現值約超過 700 萬美元，屋後的英式小花園鬧中取靜，不妨停下來歇歇腳。

Data

老石屋
◎ 地址：3051 M St. NW
◎ 電話：(202) 425-6851
◎ 網址：www.nps.gov/olst
◎ 時間：周三至日 9:00 ～ 17:00，周一至二、新年、獨立紀念日、感恩節與聖誕節休館

大法師階梯（Exorcist Steps）

經典恐怖片「大法師」中的階梯

共九十七階的狹長樓梯得名自 1973 年美國經典恐怖片「大法師」，片尾神父與惡魔同歸於盡的詭譎樓梯，有興趣者可以挑戰自己的大膽指數，體驗一下爬上階梯後向下望的感覺。這部電影改編自喬治城校友 William Peter Blatty 的 1971 年同名小說，其拍攝地點與背景設定便是在喬治城，主要故事發生的紅磚兩層樓房子就在樓梯頂端旁不遠，為恐怖片迷不可錯過的朝聖地，地址是 3600 Prospect St.。

Data

大法師階梯
◎ 地址：36th St. NW and M St. NW（Exxon 加油站旁）

敦巴頓橡樹莊園與博物館

（Dumbarton Oaks Gardens）

　　敦巴頓莊園是布利斯（Mr. & Mrs. Bliss）夫婦於 1920 年購入的，並聘請法蘭德小姐（Beatrix Ferrand）設計圍繞主屋的 10 英畝花園。園內景觀設計力求自然而然融入既有環境地貌之中，而非改變環境去配合造景，每區都有其引人入勝之處，處處是令人驚豔的美麗驚嘆號。玫瑰園內一年四季都有不同種類的玫瑰盛開，色彩繽紛、嬌豔迎賓。精心設計的各式雕塑裝飾物，如花瓶、甕、長椅、陽台和圍牆，恰如其分發揮了畫龍點睛的作用。

　　博物館與莊園的入口是分開的，不分季節入場均免費，以四至十四世紀拜占庭的珍貴文物及歐洲藝術品、家具為主，附設有圖書館和畫廊。特別推薦參觀十六世紀法國文藝復興風格音樂室（The Music Room），在 1928 年為了妥善保存與展示數件來自亞洲、歐洲和美國大型骨董家具所建，是布利斯夫婦舉辦音樂會和學術研討講座的地方，這樣的傳統延續至今。

Data

敦巴頓橡樹莊園與博物館
◎ 地址：1703 32nd St. NW
◎ 電話：(202) 339-6401
◎ 網址：www.doaks.org
◎ 時間／門票：3 月 15 日至 10 月 31 日，周二至日 14:00 ～ 18:00，一般
　　　　　　　票 $8，長者、學生與兒童 $5。11 月 1 日至隔年 3 月 14 日，
　　　　　　　周二至日 14:00 ～ 17:00，免費入園。
◎ 交通：地鐵紅線到 Dupont Circle 站

鵝卵石鋪設而成的庭園　　　　音樂室及擺設的骨董家具　　　珍貴文物

阿靈頓（Arlington）

　　原先是 D.C. 的一部分，美國國會於 1846 年歸還給維吉尼亞州，近年來各方面發展均佳，長久以來失業率穩坐維州最低，居民生活富足。許多美國政府部門設立於此，如國防部五角大廈、國土安全局；大型研究中心，如國家科學基金會、海軍研究辦公室等，與 D.C. 維持著密切關係；加上有知名的阿靈頓國家公墓與硫磺島紀念碑，故在觀光旅遊方面大多仍將此區景點視作 D.C. 的一部分。

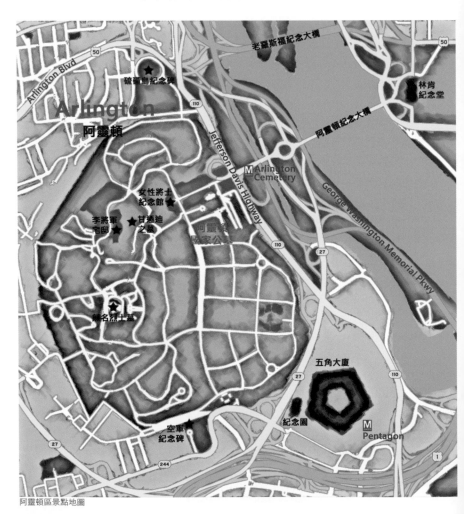

阿靈頓區景點地圖

阿靈頓國家公墓（Arlington National Cemetery）

阿靈頓公墓位於維吉尼亞州的阿靈頓區，與林肯紀念堂相隔波多馬克河，兩邊以阿靈頓紀念大橋連接（Arlington Memorial Bridge），設立於 1864 年南北戰爭時期，作為國家公墓與褒揚紀念美國戰爭英雄。占地約 2.5 平方公里，安葬了超過三十二萬名在南北戰爭、韓戰、越戰及較近期的伊拉克與阿富汗軍事行動中為國捐軀的美國軍人，長眠於此的還有許多歷史名人如甘迺迪總統與夫人賈桂琳、美國最高法院大法官奧立佛‧霍姆斯與雨果‧布萊克、拳王喬‧路易斯、工程師朗方等。

阿靈頓公墓每日仍約有二十七至三十個喪禮在此舉行，在國殤日之時會在每座墓碑前插上小國旗，以及舉辦隆重且莊嚴的紀念儀式和音樂會。

阿靈頓公墓接納陣亡士兵或對國家有貢獻的人下葬

Data

阿靈頓國家公墓
◎ 地址：Arlington, VA 22211
◎ 電話：(877) 907-8585
◎ 網址：www.arlingtoncemetery.mil
◎ 時間：4 ～ 9 月 8:00 ～ 19:00，10 ～ 3 月 8:00 ～ 17:00
◎ 交通：地鐵藍線至 Arlington Cemetery 站

李將軍宅邸（Arlington House）

位在阿靈頓公墓最高處的這棟黃色建築就是李將軍（Robert E. Lee）宅邸。李將軍是南北戰爭中聯盟國最出色

的將軍，戰後他積極推動重建並推廣教育，他的努力與成就廣為美國人民推崇。遊客可以進入主屋及旁邊的奴隸宿舍，了解十九世紀的生活面貌。

規劃 D.C. 市容的工程師朗方之墓也位在這座山坡上，生前不受肯定朗方原被埋葬於他處，爾後才被遷葬於此，雖是在死後才獲得如此尊榮，至少這絕佳的視野也算聊慰了一位偉大的先知。

甘迺迪總統夫婦及其子女的墓園就位在李將軍宅邸的下坡處，這位美國歷史上最受歡迎愛戴的總統之墓，是整個阿靈頓公墓最熱門的景點，永恆的火炬終年不滅，象徵其精神的長存。

Data

```
李將軍宅邸
◎ 網址：www.nps.gov/arho
◎ 時間：9:30 ～ 16:30，新年及聖誕節休館
```

李將軍宅邸

朗方之墓視野極佳

甘迺迪總統夫婦及其子女的墓園

無名烈士墓（Tomb of the Unknown Soldier）

設於 1921 年，埋葬了包括在一戰、二戰、韓戰和越戰中喪生的身分不明士兵遺骸，同時也紀念著在戰爭中死亡，但沒有留下遺體以辨別身分的士兵。自 1948 年來 24 小時都有衛兵站崗駐守，不畏晴雨，或是颱颱風、下大雪，這群墓哨兵將堅定地守衛著無名烈士墓，並且視為最高榮譽的表現，如機械般嚴謹遵循著 21 響禮炮規範，每 21 步後轉身面向墓碑停駐 21 秒，再轉身槍換肩後踩 21 步到另一邊，就這樣重覆相同的動作到交接。每小時進行的換哨儀式（夏季為每半小時），總是吸引眾多遊客駐足觀看。

墓哨兵晴雨無歇的守衛

硫磺島紀念碑（Iwo Jima Memorial）

位於阿靈頓國家公墓北端，正式名稱是海軍陸戰隊戰爭紀念碑，獻給 1775 年來所有為國捐軀的海軍陸戰隊隊員，雕像重現的是二戰中最具代表性的照片之一。1945 年 2 月 23 日由美聯社攝影記者喬・羅森塔爾拍下的美軍海軍陸戰隊隊員攻上硫磺島戰略據點摺缽山頂（Mount Suribachi），並豎起美國國旗的畫面。

硫磺島紀念碑

5 ～ 8 月間的每周二晚上七點，紀念碑前有由海軍陸戰隊演出的盛大日落遊行（Sunset Parade），包括有儀仗、鼓和軍號樂隊，以及無口令步操小隊整齊劃一的禮兵步表演等，歷時約 1 小時，建議提前到達以便占得觀賞的好位置。

Data

硫磺島紀念碑
◎ 地址：Meade St and Marshall Dr. Arlington, VA 22209
◎ 電話：(202) 433-4173
◎ 交通：地鐵藍、橘線到 Rosslyn 站

五角大廈與紀念園（The Pentagon and Pentagon Memorial）

五角大廈是美國國防部的總部，裡面的每個決策與指令行動都可能影響全世界，舉足輕重的身分地位及獨一無二的特殊建築結構，使其廣為世人所知，常被直接作為美國國防部的代名詞。

　　內部如同一個小城市，約有兩萬三千名員工，除了規劃和執行國防策略之外，平均每天要處理超過二十萬通電話、一百二十萬封郵件。儘管走廊總長合計達 28 公里，但步行於大廈內的任意兩點間最多只需 7 分鐘，被視為世界上最有效率的辦公單位之一。周一至五的上午九點至下午三點間，提供免費導覽服務給美國居民，須提前自行於網站上或透過其國會議員辦公室預約，外籍旅客必須透過其駐美使館代為提出申請。

　　紀念園位在五角大廈外、靠阿靈頓公墓面，開放於 2008 年的 9 月 11 日，共有一百八十四個獨立的紀念碑，紀念 2001 年 911 攻擊事件中在美航 77 號班機上及五角大廈裡喪生的一百八十四名受害者。簡單而優雅懸臂式長凳型紀念碑，按照年紀與事發時所處位置交錯排序，訪客面向天空看到的紀念碑上名字是屬於五十九名機上乘客，而面向五角大廈所見的則是當時大廈內的一百二十五名工作人員。略有別於其他美國境內的 911 紀念碑，這裡主要是為五角大廈攻擊事件的受難者家屬提供一個緬懷追思的憑藉。

Data

五角大廈與紀念園
◎ 地址：1400 Defense Pentagon Washington, DC 20301
◎ 電話：(703) 571-3343
◎ 網址：pentagon.osd.mil
◎ 時間：紀念園 24 小時開放，全年無休
◎ 交通：地鐵藍、黃線到 Pentagon 站

五角大廈與紀念園

空軍紀念碑（Air force Memorial）

　　表揚在美國空軍服務的現役及退役軍人的貢獻，三個拔尖入雲的不銹鋼柱頂端高度在 61 ～ 82 公尺間，設計構想來自於美國空軍雷鳥特技飛行隊的招牌演出──炸彈爆裂迴旋（bomb burst' maneuver），有如炸彈開花般在天空中各自劃出美麗的弧度，為 D.C. 及北維吉尼亞洲的天際線增色不少。黑色花崗岩題詞牆前站立著四尊 2.4 公尺高的儀仗隊青銅雕像，一面大型獨立玻璃上描繪著四具 F-16 戰鬥機翱翔天際的圖像，入夜後在燈光的投射下頗為浪漫美麗，也是欣賞 D.C. 國慶煙火與迷人夜景的熱門地點。

造型獨特的空軍紀念碑

Data

空軍紀念碑
◎ 地址：1 Air Force Memorial Drive, Arlington, VA 22204
◎ 電話：(703) 979-0674
◎ 網址：www.airforcememorial.org
◎ 時間：4 ～ 9 月 8:00 ～ 23:00，10 ～ 3 月 8:00 ～ 21:00
◎ 交通：地鐵藍、黃線到 Pentagon City 或 Pentagon 站，步行約 15 ～ 20 分鐘

D.C. 外圍景點（Other tourist attractions）

亞歷山卓（Alexandria）

　　原為殖民港口的亞歷山卓，其歷史可追溯到 1695 年的英國殖民地，1749 年維吉尼亞州議會通過設鎮，十八世紀時是菸草出口中心，從殖民時期一直到革命與南北戰爭時都扮演著重要的角色。今日的亞歷山卓是美國最有名的古鎮及觀光區，迷人浪漫的小城裡處處充滿著古今交錯情懷。

　　King Street（國王街）是亞歷山卓的大街，大部分的店家都在這條路上，景點則多在國王街兩旁延伸出去的街道巷弄中。第一站建議先前往 Ramsay House 遊客中心，可索取到詳細標示各景點的地圖，幾個必遊的景點包括：

· **Torpedo Factory Art Center**：位在碼頭邊，前身是海軍的魚雷配件工廠，現在作為當地約二十名藝術家的工作室及學習中心。

- Carlyle House：由 John Carlyle 建造於 1752 年，數位殖民地州長受英國將軍 Edward Braddock 要求，曾聚此討論如何增加稅收，造成殖民地人民沉重的經濟負擔，最終促成美國獨立戰爭。傳說是亞歷山卓唯一沒鬧鬼的房子，因為內牆埋有一隻貓。
- Gadsby's Tavern Museum：外觀是喬治亞式建築，美國早期風格餐廳和十八世紀骨董博物館。
- Cameron Street：508 號地址曾是華盛頓住家與辦公室，原屋已被火燒毀，李將軍父親舊宅也在此街區內。
- The Spite House：占路屋 523 Queen St.，建於 1830 年左右的這個超狹窄私人住宅，寬僅 2.1 公尺、深度不到 10 公尺，當初在小胡同建房子是為了防止有人未經允許占用胡同，如任意停放馬車。鎮上還有其他類似的建築，但不若這戶天藍色的顯眼。
- Christ Church Alexandria：亞歷山卓最古老的教堂，建於 1773 年，華盛頓和李將軍都曾是這個教堂的成員。
- The Lyceum：亞歷山卓歷史博物館，建於 1839 年，原為演講與閱讀廳。
- Lee-Fendall House：614 Oronoco St.，地方士紳望族李氏居住過數十年的大宅，被收錄在美國國家史蹟名錄，現為博物館。李將軍年少時期的家（607 Oronoco St.）離此僅

古老小鎮亞歷山卓迷人的港口風光

有幾個街區之遙。

· **George Washington Masonic Memorial**：101 Callahan Drive，喬治·華盛頓共濟會紀念堂就在地鐵站後方不遠，建築型式仿埃及的亞歷山大燈塔，高 92 公尺，是由共濟會會員捐款興建以紀念華盛頓，可搭乘電梯至塔頂。

最佳遊覽亞歷山卓的方式為步行，出地鐵站後可以搭乘免費的 King Street Trolley 到近港口的底站，再循原路步行回地鐵站。前往亞歷山卓除了搭乘地鐵之外，由喬治城和維農山莊也有渡船（Water Taxi）往返，有機會不妨試試不同的交通工具。

Data

亞歷山卓
◎ 網址：visitalexandriava.com
◎ 交通：地鐵藍、黃線到 King Street 站

Ramsay House 遊客中心

Carlyle House 卡萊爾宅邸

亞歷山卓最古老的教堂

喬治·華盛頓共濟會紀念堂

King Street Trolley 站牌

紅黑相間塗裝的免費街車

維農山莊（Mount Vernon Estate）── 喬治・華盛頓故居

　　美國第一任總統華盛頓的故居，華盛頓在此地居住達四十五年之久，自 22 歲起直到 1799 年逝世。這座漂亮的莊園位在維吉尼亞州的波多馬克河畔，離 D.C. 車程約 22 公里，被譽為是華盛頓 D.C. 地區最優美的旅遊勝地，1960 年同時被收錄進美國國家史蹟名錄及國家歷史名勝中。

　　典雅氣派的主屋是十八世紀木造喬治亞風格建築，總房間數為十四間，展出華盛頓家族的日常用品與生活情景。以主屋為中心延伸的兩旁建築包括有廚房、燻肉房、馬車房、馬廄、打鐵鋪、傭人與園丁房及奴隸宿舍等，並依地形高低分有上下兩大花園及果園、數塊田地，新建物為博物館、展覽中心、餐廳與禮品店等。遊覽重點還有華盛頓家族墓園，安葬了華盛頓夫婦及其他家族成員，4 ～ 8 月間的上午十點與下午兩點會進行簡單隆重的祭拜儀式，開放遊客觀禮。

Data

　維農山莊
◎ 地址：3200 Mt. Vernon Memorial Highway, Alexandria, VA 22309
◎ 電話：(703) 780-0011
◎ 網址：www.mountvernon.org
◎ 時間：4 ～ 8 月 8:00 ～ 17:00，9 ～ 10 及 3 月 9:00 ～ 17:00，
　　　　11 ～ 2 月 9:00 ～ 16:00
◎ 門票：成人票 $15、長者票（62 歲以上）$14、兒童票（6 ～ 11 歲）$7
◎ 交通：地鐵黃線到 Huntington 站後，轉乘 Fairfax Connector bus #101

十八世紀喬治亞風格的維農山莊主屋

海軍陸戰隊博物館
（National Museum of the Marine Corps）

離 D.C. 車程約 30 ～ 40 分鐘，位在美國海軍陸戰隊維吉尼亞州寬提科（Quantico）基地旁。建築外觀有如大型日晷，挑高的大廳中放置坦克與直升機，上方吊掛著各式飛行器。內部分為兩層，主要的展覽項目位在下層，分區呈現海軍陸戰隊成立的背景與在不同時期戰爭中的演進歷程，展出許多珍貴的退役戰車、飛機、武器及槍炮彈藥，收藏超過六萬件相關文物。

透過超仿真士兵蠟像與精心搭建的場景重現戰爭中情形，甚至依環境背景改變溫度，讓遊客有身歷其境之感，處處可見超凡用心，即便是小處也毫不含糊。自 2006 年開館以來廣受好評，迅速成為熱門旅遊景點，年訪客量超過五十萬人，大力推薦一遊。

Data

海軍陸戰隊博物館
◎ 地址：18900 Jefferson Davis Hwy. Triangle, VA 22172
◎ 電話：(877) 635-1775
◎ 網址：www.usmcmuseum.com
◎ 時間：9:00 ～ 17:00 聖誕節休館

海軍陸戰隊在行政上與海軍同屬美國國防部下的海軍部

透過蠟像重現戰爭情景

遊客猶如身歷其境

路線規劃與行程建議：
1日／3日／5日

提供以停留天數長短來規劃的行程建議供參考，倘若有多餘的時間或停留日，再自行添加有興趣的景點或稍放慢腳步來做調整。

1日

07:30 白宮及周邊景點 09:00 華盛頓紀念碑、二戰紀念園 10:00 林肯紀念堂及韓越戰紀念碑 11:00 金恩博士雕像 12:00 潮汐湖畔野餐並休憩 *	12:30 羅斯福紀念園與傑佛遜紀念堂 14:00 史密斯梭尼亞城堡，選兩個有興趣的博 物館前往，遠眺國會山莊 18:30 中國城或杜邦圓環，並享用晚餐 21:00 亞當斯摩根，品味 D.C. 迷人夜生活

* 用過早餐後出發，攜帶簡便中餐及飲水

3日：Day1

07:30 白宮及周邊景點 09:00 國會大廈、國會圖書館及周邊景點 12:00 國家藝廊咖啡廳或印第安人博物館內用 餐	13:00 航太博物館、自然歷史博物館、國家檔 案局 18:30 喬治城，輕鬆逛街與享受美食

Day2

07:30 華盛頓紀念碑、二戰紀念園 08:30 林肯紀念堂及韓越戰紀念碑 09:30 羅斯福紀念園與傑佛遜紀念堂 11:30 中國城與畫廊廣場，中西美食任選	13:00 國家肖像藝廊或美國藝術博物館 14:30 杜邦圓環與使館區 15:30 國家動物園 18:00 亞當斯摩根，用餐與放鬆緊湊行程帶來 的壓力

Day3

08:00 硫磺島紀念碑 09:00 阿靈頓公墓 11:30 五角大廈與紀念園	12:30 亞歷山卓 18:30 聯合車站 20:00 U 街周邊及酒吧現場表演

5 日：Day1

08:00 阿靈頓公墓	17:00 羅斯福紀念園
10:00 史密斯梭尼亞博物館群	18:00 林肯紀念堂及韓越戰紀念碑
15:00 華盛頓紀念碑、二戰紀念園	19:30 馬丁路德金恩博士雕像
16:00 傑佛遜紀念堂	20:30 亞當斯摩根

Day2

08:30 造幣局	16:00 最高法院
10:00 大屠殺博物館	17:30 聯合車站
12:00 航太或印第安人博物館內用餐	19:00 中國城晚餐
13:00 國會大廈	22:00 U 街酒吧現場表演
14:30 國會圖書館	

Day3

09:00 國家動物園	15:30 國家檔案局
11:00 國家肖像藝廊與美國藝術博物館	14:30 國家藝廊
13:00 福特戲院與彼得森之家	18:30 喬治城，輕鬆逛街與享受美食
14:30 聯邦三角	

Day4

09:00 白宮與拉法葉廣場	13:00 杜邦圓環
10:00 任威克美術館	15:30 國家大教堂
11:00 艾森豪行政辦公大樓	18:00 克里夫蘭公園
11:30 國家地理博物館（註 1）	

Day5

09:00 維農山莊	18:00 國家港灣（註 2）
13:00 亞歷山卓	* 往返這三點建議搭乘水上計程車最為便利

註 1：國家地理博物館地址爲 1145 17th St. NW。

註 2：國家港灣地址爲 167 Waterfront St., National Harbor, MD 20745，網址爲 www.nationalharbor.com，交通方式爲地鐵綠線到 Branch Avenue 站後，轉乘地鐵公車 NH-1，或者可從喬治城、亞歷山卓、維農山莊搭船前往。

Part 6

享樂 D.C.

D.C. Must-Go's

餐廳與市坊美食
購物中心與市集
藝文活動：音樂會、表演、展覽
夜生活

餐廳與市坊美食

餐車多以販售點心、飲料為主,價格稍高

國家大草坪

較大型的博物館內多有附設餐廳,如史密斯梭尼亞城堡咖啡廳、美國歷史博物館地下層咖啡廳、航太博物館麥當勞等。街道上有販賣熱狗或冰淇淋的小販。如要可以坐下來有服務生點餐的,要往地鐵中心站和中國城方向才有。

Cascade Café

- 地址:4th and Constitution Ave. NW
- 電話:(202) 712-7454
- 價位:$5 ~ 10
- 交通:地鐵黃、綠線到 Archives 站
- 說明:位在國家藝廊兩館之間的通道,供應湯、沙拉、特色主菜、披薩、三明治和甜點等選擇,室內有座位可以一邊欣賞階梯瀑布。

Mitsitam Café

- 地址:950 Independence Ave. SW
- 電話:(202) 633-1000
- 網址:www.mitsitamcafe.com
- 價位:$5 ~ 24
- 交通:地鐵橘、藍線到 Smithsonian 站
- 說明:印第安人博物館附設餐廳,供應數個部族的土著食物,每道菜都相當有特色,菜單會依該部族當季收成情況調整,價位合理品質也佳。

國會山莊

賓法尼亞大道上有許多小餐廳及咖啡店,美式、義式、

法式都有，價位多屬平價或中等，聯合車站地下美食街雖然有許多店家，但擁擠且餐點品質令人失望，除了高級餐廳 B. Smith's 值得推薦，連鎖的 Uno's Pizza 和候車層的麥當勞是不得已的保險選擇之外，建議盡量避開在聯合車站用餐。

Bistro Italiano

- 地址：320 D St. NE
- 電話：(202) 546-4522
- 時間：周一至五 11:00 ～ 14:00，周一至六 17:00 ～ 22:00
- 價位：$8 ～ 15
- 交通：地鐵紅線到 Union Station 站
- 說明：外觀極不起眼也不吸引人的小店面，供應的美式義大利餐點卻頗受當地居民喜愛，價位合理超值、服務人員親切友善，炸花枝（calamari）配上微辣的沾醬是推薦必點的開胃菜。

Good Stuff Eatery

- 地址：303 Pennsylvania Ave. SE
- 電話：(202) 543-8222
- 網址：www.goodstuffeatery.com
- 時間：周一至六 11:30 ～ 23:00
- 價位：$8 ～ 15
- 交通：地鐵橘、藍線到 Capitol South 站

Bistro Italiano 餐點美味平價

Good Stuff Eatery 創意漢堡值得一試

· 説明：美味度絕對是速食店望塵莫及的創意手工漢堡，主
廚 Spike Mendelsohn 出身自電視競賽節目頂尖廚
師（Top Chef）。11:30 ～ 14:30 限定的 $10 超值套
餐內有招牌起士漢堡、薯條和飲料，廣受歡迎。

Pete's Diner 是快速解決
早午餐的好去處

Pete's Diner

· 地址：212 2nd St. SE
· 電話：(202) 544-7335
· 時間：周一至五 6:00 ～ 15:00，
　　　　周六至日 7:00 ～ 15:00
· 價位：$8 ～ 14
· 交通：地鐵橘、藍線到 Capitol South 站
· 説明：離國會圖書館步行僅 3 分鐘。只收現金的早午餐平
價小餐廳，菜單上除了有荷包蛋、培根、香腸、馬
鈴薯和法式吐司的早餐組合之外，還有鬆餅、蛋餅
捲、漢堡、各種口味的三明治和潛艇堡等。若想吃
的正好不是早餐，Pete's Diner 也有沙拉、美式晚
餐，甚至素食，任君挑選。

白宮與霧谷區

檔次落差頗大的區域，有 D.C. 數一數二高級餐廳，也
有一般廉價小吃鋪。整體來説，此區大小餐廳的用餐品質均
不錯，就看目的性與預算來做決定，其中 Old Ebbitt Grill 特
別推薦嘗試，用餐之餘主要是品味它的歷史意涵。

Old Ebbitt Grill

· 地址：675 15th St. NW
· 電話：(202) 347-4800
· 網址：www.ebbitt.com
· 時間：周一至五 7:30 ～ 1:00，周六至日 8:30 ～ 1:00
· 價位：$18 ～ 35
· 交通：地鐵橘、藍、紅線到 Metro Center 站，或是橘、藍
線到 Mcpherson Sq / Farragut West 站

生蠔是招牌菜

· 説明：開業於 1856 年 D.C. 最古老的酒吧與餐廳，曾是格蘭特與老羅斯福等總統最喜愛的地方，今日仍受到許多政商名流的歡迎。內部裝潢華麗考究，帶給客人視覺與味覺的雙重饗宴，擁有 D.C. 最富盛名的生蠔吧，周間下午三至六點的 Happy Hour 生蠔半價供應，旅遊旺季時強烈建議提早預約。

Potbelly Sandwich Works

· 地址：1701 Pennsylvania Ave. NW
· 電話：(202) 775-1450
· 網址：www.potbelly.com
· 時間：周一至五 7:00 ～ 19:30，
　　　　周六至日 11:00 ～ 18:00
· 價位：$5 ～ 10
· 交通：地鐵橘、藍線到 Farragut West 站
· 説明：三明治與沙拉專賣店，除了一般分量的 ORIGINALS（$4.60）之外，也提供小胃口或輕食者減量 25％的 SKINNYS（$4）。吃完一份還會感到意猶未盡的人，可選增量 30％的 BIGS（$5.4），加上飲料和湯 $10 有找，相當划算。

Roti Mediterranean Grill

· 地址：1747 Pennsylvania Ave. NW
· 電話：(202) 466-7684
· 網址：roti.com
· 時間：周一至五 7:00 ～ 16:00
· 價位：$7 ～ 15

Potbelly 的三明治很受上班族歡迎　　Roti 新鮮現做的餐點口味、品質均不錯

· 交通：地鐵橘、藍線到 Farragut West 站
· 說明：平價的地中海風味美食，雖是連鎖速食餐廳，但品質不會令人失望，食材新鮮選擇多元，可自行選擇配料和調味，口味普遍能為東方人所接受。午餐時間最為繁忙，內用常需要等待，可網路上訂餐後再直接前往取餐。

中國城與賓恩區

最能輕鬆覓食的區域，7 街上餐廳一家相鄰著一家，除了集中之外，營業時間長且交通方便。從高檔餐廳到連鎖速食店，中式、港式、美式、愛爾蘭、西班牙、墨西哥等應有盡有，價位也多平實近人。如果難以做選擇，不妨就選幾家淺嘗即止，或是採取與同行旅伴分食的方式來趙美食街嘗鮮之旅吧！

Chop't Creative Salad

· 地址：730 7th St. NW 或 618 12th St. NW
· 電話：(202) 374-3225
· 網址：www.choptsalad.com
· 時間：周一至五 10:30 ～ 21:00，
　　　　周六至日 11:00 ～ 17:00
· 價位：$6 ～ 10
· 交通：地鐵紅線到 Gallery Place Chinatown 站，或是橘、藍、紅線到 Metro Center 站
· 說明：較為清淡健康的選擇，供應沙拉與沙拉三明治捲，全美目前僅在紐約與 D.C. 有設分店。特色是除了菜單上的固定品項之外，客人可自行創造自己喜愛的沙拉組合，很受女性與輕食主義者歡迎。

自助式沙拉在全美颳起一陣旋風

Jaleo 的菜單讓人看得目不暇給　　　Nando's 提供不辣到極辣的選擇

Jaleo

- 地址：480 7th St. NW 或 Washington, D.C.
- 電話：(202) 628-7949
- 時間：周一 11:30 ～ 22:00，周二至四 11:30 ～ 23:30，周
       五至六 11:30 ～ 24:00
- 價位：$10 ～ 20
- 交通：地鐵紅線到 Gallery Place Chinatown 站，或是橘、藍、
       紅線到 Metro Center 站
- 說明：西班牙風味餐廳，以漂亮的擺盤裝飾和創意美味的
       菜餚建立起口碑，菜單上多達六十種冷熱小吃可供
       選擇，用餐時間前往通常需要稍候才有座位。

Nando's Peri-Peri

- 地址：819 7th St. NW
- 電話：(202) 898-1225
- 網址：nandosperiperi.com
- 時間：周一至四、日 11:30 ～ 22:00，
       周五至六 11:30 ～ 23:00
- 價位：$7 ～ 15
- 交通：地鐵紅線到 Gallery Place Chinatown 站
- 說明：來自南非的美味，結合南非土產 Pili-Pili 小辣椒與
       葡萄牙風味的新鮮烤雞，辛辣香氣讓人食指大動。

杜邦圓環周邊

　　飲食型態較為年輕化，口味豐富多元、選擇性強，多

為中低價位，符合此區廣大學生族群與社會新鮮人的需求。此外，不少創新概念的餐廳都選擇在此開設第一家店。如果想要尋找輕鬆或比較不一樣的用餐經驗，杜邦圓環是個不錯的去處。

BGR: The Burger Joint

· 地址：1514 Connecticut Ave. NW
· 電話：(202) 299-1071
· 網址：bgrtheburgerjoint.com
· 時間：周日至四 11:00 ～ 22:00，周五至六 11:00 ～ 23:00
· 價位：$10 ～ 15
· 交通：地鐵紅線到 Dupont Circle 站
· 說明：新崛起的漢堡專賣店，客人可以自行選擇配料和調味，從基本的牛肉漢堡，到素食漢堡、火雞肉漢堡、鮪魚漢堡，以及季節性供應的龍蝦漢堡，還推出大胃王挑戰賽（需提前 24 小時預約）。若是一人可以吃完一整個加上麵包及配料後約重達 7 公斤的 The 9 Pounder，則這個可以供應十至十五人份的大漢堡免費。

BGR 是漢堡愛好者的天堂

Hank's Oyster Bar

· 地址：1624 Q St. NW
· 電話：(202) 462-4265
· 網址：www.hanksoysterbar.com
· 價位：$15 ～ 30
· 交通：地鐵紅線到 Dupont Circle 站
· 說明：鮮美可口的生蠔配上沁涼入喉的啤酒，輕鬆舒適的室內外用餐空間。周一至五晚上五至七點及每晚十至十二點的 Happy Hour，海鮮吧一律半價，現剖生蠔每個只要 $1。不同種類的生蠔新鮮甘甜，入口毫無腥味且口感分明，是非常推薦一試的餐廳。

在 Hank's 享受沁涼的啤酒與美味的海鮮

Kramerbooks & Afterwords Café

· 地址：1517 Connecticut Ave. NW

- 電話：(202) 387-3825
- 網址：kramers.com
- 時間：周一至四、日 7:30 ～ 13:00，
  周五至六 6:00 ～ 6:00
- 價位：$15 ～ 25
- 交通：地鐵紅線到 Dupont Circle 站
- 說明：獨立經營的特色書店，是被稱之為華盛頓人（Washingtonians）的 D.C. 居民，下班後相約前往杜邦圓環小酌幾杯時最常約定碰面的地方。附設的咖啡簡餐店，提供早、中、晚餐及早午餐選擇，菜色豐富，但價位略高。

沉浸在書香與咖啡香的特色書店 Kramers

杜邦圓環的 KK 甜甜圈是 D.C. 的唯一分店

Krispy Kreme Doughnuts

- 地址：1350 Connecticut Ave. NW # 10
- 電話：(202) 463-0414
- 網址：krispykreme.com
- 價位：$1 ～ 5
- 交通：地鐵紅線到 Dupont Circle 站
- 說明：D.C. 唯一的分店，販售數十種口味的各式甜甜圈。如果大型紅色霓虹燈 HOT NOW 亮著，表示經典的 Original Glazed 甜甜圈正新鮮出爐，熱騰騰的麵包上淋上薄薄一層糖漿，形成微亮的表面，甜而不膩，簡單樸實的外貌帶給人難以言喻的幸福滋味，深受美國人所喜愛。

HOT NOW 紅燈亮表示新鮮甜甜圈正出爐唷

隔著潮汐湖遠眺華盛頓紀念碑與傑佛遜紀念堂

亞當斯摩根／U 街

　　除了美式食物之外，為數不少的拉丁美洲移民對此區的飲食文化也起了不小的影響，薩爾瓦多式餡餅 Pupusas 值得一試，U 街和亞當斯摩根 18 街上林立的酒吧幾乎都有供應餐點，也是選擇之一。

Amsterdam Falafelshop

- ・地址：2425 18th St. NW
- ・電話：(202) 234-1969
- ・網址：falafelshop.com
- ・時間：周一、日 11:00 ～ 24:00，周二至三 11:00 ～ 2:30，周四 11:00 ～ 3:00，周五至六 11:00 ～ 4:00
- ・價位：$6 ～ 10
- ・交通：地鐵紅線到 Woodley Park-Zoo / Adams Morgan 站
- ・說明：傳統中東美食法拉費口袋餅（Falafel）專賣店。Falafel 形狀有點像台灣的刈包，客人可以自由從二十一種各式生菜、香菜與醬料中搭配喜好的口味。酥炸的薯條也有不同口味的沾醬可選，包括荷蘭美乃滋、自製花生醬、麥芽醋與番茄醬等。

自行配料的法拉費口袋餅好吃有趣

Ben's Chili Bowl

- ・地址：1213 U St. NW
- ・電話：(202) 667-0909
- ・網址：www.benschilibowl.com
- ・時間：周一至四 6:00 ～ 2:00，周五至六 6:00 ～ 4:00，周日 11:00 ～ 23:00
- ・價位：$6 ～ 10
- ・交通：地鐵黃、綠線到 U Street 站
- ・說明：U 街的經典餐廳，自 1958 年開始供應辣味熱狗與奶昔。1968 年種族暴動時期，警察與示威者常同在此用餐，美食緩和雙方劍拔弩張的緊張氣氛，也見證了本區歷史的變遷。許多名人，如演員 Bill Cosby 和 Chris Tucker，都是常客，歐巴馬當選總統

Ben's 既是餐廳，也是 U 街景點

後，市長芬蒂便是帶他到 Ben's Chili Bowl 以歡迎他
正式成為 D.C. 居民。

Gloria's Pupusería

外觀略顯簡陋，但餐點料好實在

- 地址：3411 14th St. NW
- 電話：(202) 884-1880
- 時間：周一至日 6:00 ～ 23:00
- 價位：$2 ～ 9
- 交通：地鐵黃、綠線到 Columbia Heights 站
- 說明：D.C. 最有名的家庭式薩爾瓦多小吃專賣店，簡陋的
  店面外觀和廉價花塑膠桌布，一點也不減服務的親
  切和食物的美味。牆上張貼的各式餐點實拍圖，讓
  不熟悉薩爾瓦多飲食的客人也可以按圖索驥，便宜
  且已含稅的價格更是無可挑剔。

Pizza Mart

- 地址：2445 18th St. NW
- 電話：(202) 234-9700
- 時間：周一至日 11:00 ～ 04:00
- 價位：$5 ～ 10
- 交通：地鐵紅線到 Woodley Park-Zoo / Adams Morgan 站
- 說明：單片販售的超級大片披薩，每片售價在 $5 ～ 6 之間，
  一片披薩加上一罐可樂就可以吃得頗撐，來到亞當
  斯摩根一定要試試。另外兩家選擇為 Jumbo Slice
  Pizza（地址：2341 18th St NW）和 U 街的 Pizza
  Boli's（地址：1511 U St NW）。

Pizza Mart

Jumbo Slice Pizza

Pizza Boli's

動物園／上城西北區

　　餐廳主要集中在地鐵站周邊，除了國家大教堂附近選擇較少之外，沿地鐵紅線從 Woodley Park-Zoo 一直到 Friendship Heights，各地鐵站外步行距離的逛街與用餐都相當便利，動物園正門對街上有超商，入園前建議先補充飲水和零食。

Cactus Cantina

· 地址：3300 Wisconsin Ave. NW
· 電話：(202) 686-7222
· 網址：www.cactuscantina.com
· 時間：周一至四 11:00 ～ 23:00，周五至六 11:00 ～ 24:00，
　　　　周日 10:30 ～ 23:00
· 價位：$8 ～ 15
· 說明：離國家大教堂約一個街區，供應平價美味的墨西哥式食物，如玉米薄餅夾肉（Taco）、墨西哥捲餅（Burrito）、烤肉法士達（Fajitas）、墨西哥酥餅（Quesadilla）等，用餐區廣大，有室內及室外座位，晚餐與消夜時段都很熱門。

門口的巨大仙人掌是招牌

墨西哥捲餅分量十足

Hot N Juicy Crawfish

· 地址：2651 Connecticut Ave. NW
· 電話：(202) 299-9448
· 網址：hotnjuicycrawfish.com
· 時間：周一至四、日 12:00 ～ 22:00，
　　　　周五至六 12:00 ～ 23:00

· 價位：$15 ～ 20
· 交通：地鐵紅線到 Woodley Park-Zoo / Adams Morgan 站
· 說明：麻辣小龍蝦專賣店，也供應生蠔、唐金蟹、帝王蟹、
　　　　龍蝦和蛤蜊等，螯蝦因外型像龍蝦而被俗稱為小龍
　　　　蝦。點餐時先選擇調味，如路易斯安那、辣味、蒜
　　　　味、檸檬胡椒，或是 Hot N Juicy 特調，再選擇辣
　　　　度從不辣到極辣，小龍蝦會裝在塑膠袋內送上來，
　　　　戴上特製的圍兜便可開始盡情享用囉！

推薦一嘗炸花枝　　Hot N Juicy 曾出現在不少旅遊和美　Vace 家庭雜貨店的經營方式，令人備
　　　　　　　　　食節目中　　　　　　　　　　　感親切

Vace Italian Delicatessen

· 地址：3315 Connecticut Ave. NW
· 電話：(202) 363-1999
· 網址：www.vaceitaliandeli.com
· 時間：周一至五 9:00 ～ 21:00，周六 9:00 ～ 20:00，
　　　　周日 10:00 ～ 17:00
· 價位：$5 ～ 10
· 交通：地鐵紅線到 Cleveland Park 站
· 說明：義式雜貨店附屬熟食販賣區的超平價手工披薩與潛
　　　　艇堡，深受當地居民喜愛。小片的薄片脆皮披薩不
　　　　到 $2，店內沒有坐位，只能外帶。

喬治城與阿靈頓

　　餐飲及零售業多集中在 M 街與威斯康辛大道，異國、
傳統、現代兼有之，大學城的環境背景使得此區不乏經濟實
惠的選擇，靠近市中心的東邊則有不少高檔餐廳。從喬治城
端通過 Key Bridge 便可達阿靈頓區，鄰近的羅斯林市地鐵站
周邊隱藏不少美味，等著被發掘。

Dean & DeLuca

· 地址：3276 M St. NW
· 電話：(202) 342-2500
· 網址：deandeluca.com
· 時間：周一至日 9:00 ～ 21:00
· 價位：$10 ～ 25
· 說明：複合式的商店，販賣生鮮蔬果、新鮮烘焙麵包、雜貨禮品、肉類等。熟食區選擇豐富，秤重計費，附設有室外咖啡座，雖然售價較一般超市略高，但品質相對來得好。

Five Guys Burgers & Fries

· 地址：1335 Wisconsin Ave. NW
· 電話：(202) 337-0400
· 網址：fiveguys.com
· 時間：周日至四 11:00 ～ 22:00，周五至六 11:00 ～ 04:00
· 價位：$5 ～ 10
· 說明：主要供應漢堡、熱狗、三明治及薯條，可無限任選多達十五種以上的免費配料，只要客人敢點就能包得起來，特色還包括了無限供應的帶殼花生，以及超大分量的新鮮帶皮厚切薯條。

Georgetown Cupcake

· 地址：3301 M St. NW
· 電話：(202) 333-8448
· 時間：周一至六 10:00 ～ 21:00，周日 12:00 ～ 18:00
· 價位：$2.75

熟食區菜餚選擇多元豐富

Five Guys 的漢堡現點現做

超人氣杯子蛋糕名店

· 說明：迅速竄紅的超人氣名店，2008 年由一對姐妹開始
　　　 經營，有著各種可愛裝飾的杯子蛋糕，立刻廣受
　　　 歡迎。2010 年 TLC 電視台開始播出 Georgetown
　　　 Cupcake 的實境秀，因而每天都有從各地慕名而來
　　　 的遊客在店外大排長龍，每日提供十八種口味，各
　　　 分店與網路訂購平均每日售出約一萬個。

Pho 75

· 地址：1721 Wilson Blvd, Arlington, VA 22209
· 電話：(703) 525-7355
· 網址：pho75.tumblr.com
· 時間：周一至日 9:00 ～ 20:00
· 價位：$5 ～ 10
· 交通：地鐵橘、藍線到 Rosslyn 站，或是橘線到 Courthouse
　　　 站
· 說明：物美價廉的各式大碗公越南河粉，不要被吵雜如菜
　　　 市場的用餐環境嚇到，大眾食堂與陌生人共桌的用
　　　 餐風格就是 Pho 75 的特色。上菜速度極快，5 分鐘
　　　 不到熱騰騰的越南美食就上桌等著你來大快朵頤。
　　　 只收現金。

Ray's Hell Burger

· 地址：1725 Wilson Blvd, Arlington, VA 22209
· 電話：(703) 841-0001
· 網址：rayshellburger.com

濃郁的湯頭令人意猶未盡

被暱稱為「總統的漢堡店」

· 時間：周一至四、周六至日 11:00 ～ 22:00，
　　　　 周五 11:00 ～ 23:00
· 價位：$10 ～ 15
· 交通：地鐵橘、藍線到 Rosslyn 站，或是橘線到 Courthouse
　　　　 站
· 說明：供應各式漢堡，漢堡就是菜單上唯一主角，超厚的
　　　　 肉排與獨特口味頗受好評，不妨加點錢嘗試搭配
　　　　 鵝肝醬（foie gras）或烤骨髓（bone marrow）等
　　　　 平常少見的漢堡配料。2010 年俄羅斯總統梅德維
　　　　 傑夫訪美時，美國總統歐巴馬曾與其在此共進午
　　　　 餐，2009 年歐巴馬也曾與副總統拜登來過，因而
　　　　 讓 Ray's Hell Burger 從此聲名大噪。

中國城區的 Clyde's 美式餐廳

喬治城區的 DAS 衣索匹亞餐廳

杜邦圓環區的 Papa Razzi 披薩店

杜邦圓環區的 Bread & Brew 簡餐店

中國城區的 Legal Sea Foods 海鮮餐廳

U 街的 Dukem 衣索匹亞餐廳

購物中心與市集

紀念品、伴手禮

　　在 D.C. 要找到合適的紀念品並非難事，除了可在獨立的大型紀念品專賣店選購之外，各購物中心內常有紀念品店與花車販賣各式商品，舉凡風景明信片、印著 Washington D.C. 字樣的 T-Shirt、FBI 或 CIA 的鴨舌帽、國民隊馬克杯、白宮模型等，應有盡有。建議避開街邊的攤販，雖然價錢壓得很低，但質量也相對的差且粗糙。博物館和美術館一般也都有附設禮品店，販售的商品主題性強、質感較佳，比較有機會找到與眾不同的紀念品。

地鐵中心站附近的紀念品專賣店

購物中心裡的紀念品花車

百貨公司、商圈

國家廣場購物中心（The Shops at National Place）

　　地鐵中心站周邊是近年來逐漸興起的商圈，除了有知名的梅西百貨（Macy's）之外，許多時尚年輕品牌的大型旗艦店都進駐在此，如 H&M、Zara、Guess，以及 F 街上占地廣大、三層樓高的 Forever 21。中國城地鐵站附近則有 Urban Outfitters、Bed Bath & Beyond 和 City Sports 等。外地遊客在梅西百貨服務台可憑證換取 10％折價券。國家廣場購物中心位在 14 街上的 National Press Club Building 內，商城內

Forever 21 在地鐵中心站的旗艦店

深受年輕人喜愛的服飾品牌 H&M

中國城地鐵站附近逛街的人潮

約有七十五家商店及餐廳，但多為個人經營的服飾或珠寶飾品小店，不建議專程前往。

Data

國家廣場購物中心
◎ 地址：529 14th St. NW
◎ 電話：(202) 662-1250
◎ 時間：周一至六 10:00 ～ 19:00，周日 12:00 ～ 17:00
◎ 交通：地鐵橘、藍或紅線到 Metro Center 站

五角時尚購物中心
（The Fashion Centre at Pentagon City）

　　地鐵直達的五層樓購物天堂，集合各大國際時尚品牌與豐富的娛樂、美食體驗，又有 Macy's 與 Nordstrom 兩間大型百貨公司分據兩端，是阿靈頓區最大的中高檔購物中心。對街的 Pentagon Centre 也是購物商場，內有 Nordstrom Rack──Nordstrom 百貨底下的過季清倉商品店，折扣約在 50 ～ 60％上下；Marshall's──知名名牌與設計師服飾的過

五角時尚購物中心占地廣大

Pentagon Centre 內有好逛的過季商品折扣店

季商品折扣店；Best Buy——科技類電子產品與家電用品賣場；量販店 Costco 及數家餐廳。

Data

五角時尚購物中心
◎ 地址：1100 South Hayes St. Arlington, Virginia 22202
◎ 電話：(703) 415-2401
◎ 網址：www.fashioncentrepentagon.com
◎ 時間：周一至六 10:00 ～ 21:30，周日 11:00 ～ 18:00
◎ 交通：地鐵藍、黃線到 Pentagon City 站

蔡維蔡斯購物中心（Chevy Chase Pavilion）

小而高檔的購物中心，內有 Nordstrom、RackWorld Market、Pottery Barn、J Crew、Ann Taylor Loft、Talbots 等店，餐廳如 Starbucks、Cheesecake Factory 等，樓上為 Embassy Suites。地鐵站外的威斯康辛大道，百貨與服裝店都集中在這短短不到 100 公尺的路段，包括 TJ Maxx、Loehmann's、Bloomingdale's、Saks Fifth Ave、Brooks Brothers、GAP 等，奢華精品店如 BVLGARI、Dior、Tiffany & Co、Barney's New York CO-OP、Louis Vuitton、Gucci、Cartier 等更是一字排開，貴氣逼人。

Data

蔡維蔡斯購物中心
◎ 地址：5335 Wisconsin Ave. NW
◎ 電話：(202) 685-5335
◎ 網址：www.ccpavilion.com
◎ 時間：周一至六 9:00 ～ 21:00，周日 10:00 ～ 19:00
◎ 交通：地鐵紅線到 Friendship Heights 站

蔡維蔡斯購物中心

馬札精品購物中心（Mazza Gallerie）

位在蔡維蔡斯購物中心的對街，同樣是走較中高消費路線，商店數約十八間，以超高級大型百貨公司 Neiman Marcus 為營運重心。其他重點商店包括運動用品專賣店 Foot Locker、高級男性服飾 Saks Fifth Avenue Men's Store、手工巧克力 KrÖn Chocolatier、精品廚具 Williams-Sonoma 及 AMC 電影院等。

馬札精品購物中心

Data

馬札精品購物中心
◎ 地址：5300 Wisconsin Ave. NW
◎ 電話：(202) 685-5335
◎ 網址：www.mazzagallerie.com
◎ 時間：周一至五 10:00 ～ 20:00，周六 10:00 ～ 19:00，周日 12:00 ～ 18:00
◎ 交通：地鐵紅線到 Friendship Heights 站

露天市集、傳統市場

東市場（Eastern Market）

1873 年開始營運，是最早由公家經營管理的市場，供應 D.C. 居民新鮮的魚肉類及蔬果，一度因不敵新興的連鎖超市而差點關閉，經過當地居民積極奔走才得以保留。平日室內的固定攤商共有十三家，販售雜貨與品質最佳的生鮮蔬果，賣蟹肉餅和魚、蝦、蟹堡的 Market Lunch 常常大排長龍。

東市場的優雅紅磚建築極具代表性

東市場外廣場平時聚集了許多有意思的手工藝品與古玩收藏品攤位，周六及周日更多了農夫市場、跳蚤市場與露天小吃攤位，人潮熙攘雜沓好不熱鬧，無怪乎東市場被認為是最能體驗 D.C. 市井風情的所在。

Data

東市場
◎ 地址：225 7th St. SE
◎ 電話：(202) 698-5253
◎ 網址：www.easternmarket-dc.org
◎ 時間：周二至五 7:00 ～ 19:00，周六 7:00 ～ 18:00，周日 9:00 ～ 17:00
◎ 交通：地鐵橘、藍線到 Eastern Market 站

乾淨明亮的菜市場體驗

農夫市場販售最新鮮的蔬果

以美國國旗與 D.C. 為主題的藝術創作

緬因街魚市場（Maine Avenue Fish Market）

緬因街是東岸碩果僅存的少數露天海鮮市場之一，自 1805 年開始營運至今，稱得上是最古老的魚市場，約有十多個攤位，販售不同種類新鮮捕撈上岸的海產。每日開市，但周末通常是魚類選擇最多的時候，吸引了很多當地及外地的客人前來嘗鮮。港邊獨有的淡淡海水鹹味，剛蒸煮好的螃蟹散發著誘人的甜味，聚集的群眾像是欣賞表演般看攤販們使盡渾身解數賣力推銷，討價還價在這裡是一種你情我願的鬥智遊戲。魚市場不僅是販賣海鮮的地方，更帶給旅客有趣且獨一無二的 D.C. 體驗。

魚市場招牌醒目富有趣味

選購新鮮魚產的客人

魚市場外的碼頭風情

Data

緬因街魚市場
◎ 地址：1100 Maine Ave. SW
◎ 電話：(202) 484-2722
◎ 時間：周一至日 8:00 ～ 21:00
◎ 交通：地鐵綠線到 Waterfront-SEU 站

亞當斯摩根農夫市場
（Adams Morgan Farmers Market）

各式特色攤位占據 18 街與哥倫比亞路交接區域，除了販售農產品之外，還有不少手工藝品、即興揮毫創作、服飾配件和小吃攤位，也常有現場表演或小型演唱會可欣賞。

Data

亞當斯摩根農夫市場
◎ 地址：18th St. NW & Columbia Rd. NW
◎ 電話：(301) 587-2248
◎ 時間：5 ～ 11 月周六 8:00 ～ 13:00
◎ 交通：地鐵紅線到 Woodley Park-Zoo / Adams Morgan 站

亞當斯摩根的特色書店

農業部農夫市場（USDA Farmers Market）

由農業部協助指導推廣的農夫市場，只限販售由當地農夫自行耕作收成的農產品或手工食品，如果醬、楓糖漿、乳酪等，並有數攤銷售花卉與植物，只有高品質的新鮮時令

各式蔬果歡迎客人試吃

蔬果才被准許販售，言談間便可感受到農人對自家產品的十足信心。

Data

農業部農夫市場
◎ 地址：12th St. and Independence Ave. SW
◎ 電話：(202) 720-8317
◎ 時間：6 ～ 10 月周五 10:00 ～ 14:00
◎ 交通：地鐵橘或藍線到 Smithsonian 站

名牌商品過季暢貨中心

波托馬克米爾斯（Potomac Mills Outlet Mall）

波托馬克米爾斯暢貨中心

D.C. 及鄰近區域最大的過季商品暢貨中心，內有超過兩百二十間的知名品牌與精品，折扣低至一折，包括 Ralph Lauren、Coach Factory、Banana Republic、Juicy Couture、Levi's、NIKE、Tommy Hilfiger、Calvin Klein、Hollister、Victoria's Secret、XXI Forever 等，還有全美七家之一的 Abercrombie & Fitch Outlet。平日可搭乘地鐵藍線到 Franconia-Springfield 站後，轉乘 OmniRide 巴士，假日需從地鐵站叫計程車前往。

超人氣品牌
Abercrombie & Fitch

Data

波托馬克米爾斯
◎ 地址：2700 Potomac Mills Circle, Woodbridge, VA 22192
◎ 網址：www.simon.com/mall/default.aspx?ID=1260
◎ 時間：周一至六 10:00 ～ 21:30，周日 11:00 ～ 19:00

李斯堡角（Leesburg Corner Premium Outlets）

李斯堡角暢貨中心

距離杜勒斯機場約 15 分鐘車程，集合了一百一十間的各等級名牌商店，包括 Ann Taylor、Burberry、Coach、Banana Republic、Calvin Klein、Benetton、Levi's、American Eagle、Juicy Couture、Guess、Ralph Lauren、Timberland、Tommy Hilfiger 等，折扣約在 25 ～ 65% 之間。

Outlets 的折扣商品常讓人買得大呼過癮

Data

李斯堡角
◎ 地址：241 Fort Evans Rd. NE, Leesburg, Virginia 20176
◎ 網址：www.premiumoutlets.com
◎ 時間：周一至六 10:00 ～ 21:00，周日 10:00 ～ 19:00

省錢密技——善用折價券

只要肯花點時間做功課收集資訊，在美國生活及旅遊無論是參觀景點、購物及用餐，幾乎任何地方都可以享受到程度不等的折扣，以下就來逐項揭露省錢密技。

網上提前購票

許多景點和旅遊行程都會發售折扣預售票，規劃需購票參訪行程時，先上景點網站查看是否有提前訂票折扣或減價時段可選，有時可以買到意想不到的超低價票。

如果沒時間逐一查看，推薦上 Trusted Tours and Attractions 網站，提供 D.C. 大小旅遊套裝優惠行程一站式預訂服務（網址：www.trustedtours.com）。

網上列印折價券

使用折價券在美國是非常普遍的省錢方式，各品牌網站

GAP 網上 15％ off 折價券

上常會有 COUPON 區，可取得 $5～10 不等的折價券，或是 10～25％ off，甚至更低的折數。加入 Email Club 也是便利取得折價券的管道之一，如 COACH 不定期會 E-mail 額外 30％ off 的優惠，再搭配店內既有的促銷，雙重優惠省更多！

上 Google.com 或 Yahoo.com 搜尋「品牌名 + coupon」，例如 GAP coupon，即可快速得到相關的資訊。

超值團購網站

團購是一種以量制價的消費模式，許多新開設的店也透過團購來拓展客源，折扣在 40～70％間。簡單來說，就是以低於面額的價錢取得折價券，如付 $10 買到價值 $25 元的抵用券，或是只要半價的知名景點門票等，通常有限定的使用時間和效期，購買前需要仔細了解相關限制。

■ Groupon D.C.
‧網址：www.groupon.com/Washington-DC
■ LivingSocial D.C.
‧網址：www.livingsocial.com/WashingtonDC

超低價餐飲抵用券

Restaurant.com 是最知名的餐飲抵用券網站，只要輸入郵遞區號（Zip Code）或城市名，便可以搜尋該區域內有合作的餐廳和評價，一般約可以半價購買到抵用券，使用方式類似 Groupon，但無使用期限，重點是 Restaurant.com 幾乎一直有促銷。註冊後便可以第一時間得到最新的優惠代碼（Promo Code），往往能只用 $2 便購得價值 $25 的抵用券，請搜尋「Restaurant.com Promo Code」。

雜誌與星期天報紙

美國星期日報紙固有的傳統，就是會有厚厚的一疊廣告夾頁，為得知特價品與優惠訊息的不錯來源，經常內附 Macy's、運動用品專賣店 Sports Authority、Sears 百貨的

星期天版華盛頓郵報內附的廣告與折價券

雜誌書報常會內夾優惠資訊

15 ～ 25％ off 折價券，以及餐廳的優惠券等。除了商店傳單和百貨公司型錄之外，通常還會有一至三份各約 10 ～ 15 頁的折價券，多為用品、食物、知名品牌的化妝品和保養品。華盛頓郵報（Washington Post）周日版，每份售價 $2。

遊客中心索取折價券

取得景點和餐廳折價券的好地方，特別留意免費地圖背面或旅遊手冊的內頁和封底，也別忘了向服務人員打探有什麼近期的免費活動或景點優惠，可以得到許多情報唷！

藝文活動：音樂會、表演、展覽

　　D.C. 絕對適合喜歡藝術與知性之旅的人，從音樂會、戲劇演出、脫口秀、影片欣賞、畫展到街頭表演等，每天在這城市許多地方都有精采的節目正上演著。

搜尋藝文活動

　　以下所列的幾個網站，可以快速查詢到 D.C. 的藝文活動相關資訊。

■ Express Night Out
・網址：www.expressnightout.com
■ Washington City Paper
・網址：www.washingtoncitypaper.com
■ Culture Capital
・網址：culturecapital.com

　　此外，甘迺迪藝術中心（網址：kennedy-center.org）、莎士比亞劇院（網址：shakespearetheatre.org）、星期五早晨音樂俱樂部（網址：fmmc.org），以及國家大教堂（網址：nationalcathedral.org），經常有高品質的免費或收費不高的表演。

從報紙取得藝文表演相關資訊

購買娛樂票券

除了可在演出場地的售票處購票之外，美國大多數門票都是在網上售出的，且常有預售票折扣，以下提供幾個知名的線上售票網站供參考。

■ Ticketmaster
·網址：www.ticketmaster.com

票務代理商，幾乎全美所有體育賽事的門票都會透過 Ticketmaster 代售。除了線上販售之外，在許多購物中心也有設服務點。票價為賽事主辦單位所訂，Ticketmaster 會收取不等的交易手續費。

■ TicketsNow
·網址：www.ticketsnow.com

■ Stubhub
·網址：www.stubhub.com

網上門票交易市場，可透過 TicketsNow 和 Stubhub 尋找門票或販售門票。除了固定售價之外，也提供出價競標機制，許多球賽的季票持有人不一定能每場都到，就會把無法前往觀賞的場次門票在網上拋售。

國家自然歷史博物館常有特展或專題影展

夜生活

　　或許有點難將 D.C. 與五光十色的夜生活立刻聯想在一起，但入夜後的 D.C. 活躍程度卻超乎想像，以亞當斯摩根區、喬治城和 Verizon Center 周邊最為熱鬧，是多數遊客 Club Hopping 的首選。杜邦圓環區則多同志友善的酒吧，U 街是爵士藍調迷不可錯過的聖地，夜色裡標新立異打扮的年輕人與沉悶乏味的政客同場狂歡，如此奇特的調和大概也算是 D.C. 獨有吧！

越夜越美麗——
成人娛樂、舞廳、爵士、夜店、同志酒吧

9:30 Club

· 地址：815 V St. NW
· 電話：(202) 265-0930
· 網址：www.930.com
· 說明：D.C. 最棒的現場演出，許多知名歌手曾在此演出，稍有名氣的表演者門票常在數個月前便銷售一空，地下室為酒吧。

Archibald's

· 地址：1520 K St. NW
· 電話：(202) 470-4387
· 網址：archibalds.com
· 說明：離白宮僅有數個街區的脫衣舞俱樂部，需年滿 21 歲方可入場。

Bohemian Caverns

· 地址：2001 11th St. NW
· 電話：(202) 299-0800
· 網址：www.bohemiancaverns.com

- 説明：D.C. 最有名的爵士夜總會，開業於 1926 年，鋼琴造型的外觀與如地底鐘乳石洞穴的內部，加上有艾靈頓公爵等知名音樂家曾駐此演出，使其成為 U 街的歷史地標。

Cobalt / 30 Degrees

- 地址：1639 R St. NW
- 電話：(202) 462-6569
- 網址：www.cobaltdc.com
- 説明：男同志酒吧，多次被票選為 D.C. 最佳的同志場所。

RFD

- 地址：810 7th St. NW
- 電話：(202) 289-2030
- 網址：www.lovethebeer.com
- 説明：中國城牌坊對街，超過三十種以上的生啤酒選擇，三百種以上來自世界各地的瓶裝啤酒。

Modern

- 地址：3287 M St. NW
- 電話：(202) 338-7027
- 網址：www.modern-dc.com
- 説明：喬治城 M 街上，位在地下室，分有舞池區與 lounge 區，圓形的下沉吧台是特色。

查詢各區演出與活動資訊

可在路邊報箱免費取得的華盛頓城市報（Washington city paper），是最方便快速得到每晚活動與演唱會資訊的管道之一，以下所列的網站也有豐富的分區資訊、場地介紹與各表演場次票價。

■ D.C. Clubbing　www.dcclubbing.com
■ Club Glow　clubglow.com
■ Bar D.C.　www.bardc.com

生活便利通
Not Your Hometown 7-11

實用資訊
緊急應變
在 Priceline 上標便宜機票、旅館、租車
超強 Google Transit 路線查詢
免費 D.C. 旅遊 Smart Phone Apps 推薦

實用資訊

單位換算

長度

美國單位	公制單位	公制單位	美國單位
1 英吋	2.54 公分	1 公分	0.39 英寸
1 英呎（12 英吋）	30.48 公分	1 公尺	3.28 英呎
1 碼（3 英呎）	0.91 公尺	1 公尺	1.09 碼
1 英哩（1760 碼）	1.61 公里	1 公里	0.62 英哩

重量

美國單位	公制單位	公制單位	美國單位
1 盎司	28.35 公克	1 公克	0.035 盎司
1 英磅（12 盎司）	0.45 公斤	1 公斤	2.21 英磅

溫度對照表及換算公式

常用對照	攝氏	華氏
冰點	0℃	32℉
室溫	20℃	68℉
正常體溫	37℃	98.6℉
大熱天	40℃	104℉
沸點	100℃	212℉

℃＝（℉－32）÷1.8　例如：（68℉－32）÷1.8＝（36）÷1.8＝20℃
℉＝（℃×1.8）＋32　例如：（20℃×1.8）＋32＝（36）＋32＝68℉

體積容量

美國單位	公制單位	公制單位	美國單位
1 加侖	3.79 公升	1 公升	0.26 加侖
1 品脫	0.47 公升	1 公升	2.11 品脫

美國消費稅

　　全美各州稅率不一，與台灣的加值稅體制不同之處在於，美國銷售稅（Sales Tax）在結帳時才另外打上，以售價的百分比計算，舉例來說標價為一張 $1 的明信片，稅後需支付 $1.06。

　　一般而言，華盛頓 D.C. 為 6％，馬里蘭州為 6％，維吉尼亞州為 5％。各州可針對特定項目徵收不同稅率之銷售稅，例如：D.C. 之餐飲、酒精飲料及租車稅為 10％；旅館稅為 14.5％；但雜貨如生鮮蔬果、麵包、牛奶、蛋、起士等則免稅。

如何給小費

　　小費是美國消費文化裡的重要環節，除了餐點的品質好壞之外，服務生的態度和殷切與否也是考量，給多給少其實是很看心情，沒有得到該有的服務時，也不必要讓自己的荷包失血。一般情況下，服務生熱情招呼、服務周到，用餐氣氛愉快，餐點美味好吃，午餐小費一般約給 12 ～ 15％，晚餐則是在 15 ～ 20％。

　　除了速食店和少數特例之外，只要坐下來用餐，有人幫忙點餐上菜的，都要給小費，外帶一般是不需要另外給小費，直接付餐點的價錢即可。

結帳的方式

· 信用卡：帳單過目後，將信用卡放在帳單夾內，服務生會先拿卡去刷，然後送上簽帳單（通常是兩張或一張是收據）。Customer Copy 自己留存，找出 Merchant Copy 是需要簽名還給餐廳的，上面會有餐點價錢，價錢下會有一欄位讓你自己填上小費，填完再自行加總得出總數，餐點費用和小費會全部由信用卡支付。通常服務生不會再過來，故離開前把已簽上名的 Merchant Copy 留在桌上即可。

· 現金（找零）：現金放入帳單夾內，服務生收走時可能會問是否要找零，回答是的話，服務生會在找零並給收據之後離去，此時再自行決定要在桌上留下多少小費。

15％小費的填寫範例

· 現金（不找零）：若是餐點價錢加上小費，接近一個整數，如 25 美元、50 美元，服務生詢問時就告知不需找零即可，但這時若給得失禮，那就會小尷尬，因為他還要再回來給你收據。

· 小費已含：有些餐廳會自動算好應給的小費，通常是 15％或 18％，在餐點價錢下會多一欄，寫 Gratuity 金額多少，底下又通常會有一欄位寫 Tips，這時可以直接加總餐點價錢和 Gratuity 得出總價。若覺得服務很好，小費那欄要自行另外多加也可以，從這個點開始，就回到前述的方式完成付款。

· 中國（日本／韓國）餐廳：通常在門口設有櫃台，結帳時可請服務生拿帳單來，如前述方式付款，或是自己再拿帳單去櫃台結帳，吃完之後直接就走到櫃台結帳也是可以，看此類餐廳的等級或實際情況而定。

　　美國服務生的起薪較低，小費等於主要收入來源，不給小費基本上快要等同於吃飯不付帳，除非真的差勁到極點，還是要多少給點小費才不會失禮和遭人白眼。

建議小費金額對照表

服務項目	建議金額
餐廳服務生	15 ～ 20%
吧台服務生	酒精飲料每（杯）輪 $1 ～ 2 或 15 ～ 20%／非酒精性飲料每杯 $0.50
計程車司機	10 ～ 5%／每件行李多加 $1
旅館門童	幫忙搬行李或代叫計程車 $1
旅館行李員	送行李入房每件行李 $1 ／只有一件行李給 $2
旅館房務員	每房每晚留 $2 ～ 5
衣帽間人員	每件大衣或外套 $1
客房服務	15 ～ 20%
理髮師	15 ～ 20%／洗頭或修面人員另給 $1 ～ 2

在美國撥打電話

美國的國碼為 1，電話號碼則不分市話或手機均為 10 碼，前 3 碼為區碼如 (123) 456-7890，同區內打本地電話撥號時不需加區碼直接鍵入後 7 碼即可，以 800、888、877 或 866 等作為區碼的為免付費電話，如同台灣的 0800。

D.C. 及鄰州區碼

區域	區碼
D.C.	202
馬里蘭州	240 ／ 301 ／ 410 ／ 443 ／ 667
北維吉尼亞州	571 ／ 703

使用公共電話

公共電話稱為 Payphone（付費電話），由於近年來手機普及度高，投幣式的電話亭數量銳減，現多見於便利商店、街角、餐廳，以及機場、車站等交通轉運站。
付費方式有以下兩種：

1. 硬幣（Coins）：先拿起話筒看有無等待撥號音，本地電話至少需先投入 25 美分，長途電話需 50 美分，話機不收 1 美分硬幣，建議準備 $2 零錢，投完幣後便可開始撥號。

2. 預付電話卡（Pre-paid phone card）：可在台灣時就先購買好國際電話卡，如臨時急需也可在美國的便利商店內購得，需注意是否支援國際通話。先撥打卡上的免付費電話，依照指示輸入密碼 PIN #，語音告知卡內剩餘分鐘數，即可開始撥打電話。

投幣式付費電話

公用電話也可以接聽，話機上可以找到該台電話的號碼，提供號碼給對方後，需等候在電話機旁或於約定時間回到電話旁以便及時接聽。

撥打美國電話

本地（Local）：直接撥 7 碼電話號碼
長途電話（Long-Distance）：先按 1 ＋區碼＋ 7 碼電話號碼
免付費（Toll-free）：先按 1 ＋ 800 ＋ 7 碼電話號碼

撥打國際電話

國際電話（International）：
先按 011 ＋國碼＋區碼＋電話號碼
例如：打台灣市內／家用電話 (02) 2345-6789
輸入 011 ＋ 886（台灣國碼）＋ 2（台北區碼）＋ 2345-6789
例如：打台灣手機 0920-123456
輸入 011 ＋ 886（台灣國碼）＋ 920 ＋ 123456

郵寄信件、明信片

　　想要寄封家書或漂亮的明信片給親朋好友時，地址要怎麼寫才正確？以下提供一些簡單的範例供參考。

國際郵件橫式（西式）信封

　　收件人姓名、地址及郵遞區號書寫於中央偏右，寄件人姓名、地址及郵遞區號書於左上角或背面。
書寫順序如下：
第 1 行：收件人姓名。
第 2 行：門牌號碼、弄、巷、路街名稱。
第 3 行：鄉鎮、縣市、郵遞區號。
第 4 行：國名。

國際明信片書寫方式

　　明信片因空間有限，建議只寫收件人姓名、地址，若希望兩者都寫，最好註明「To:」和「From:」，減少郵差誤會。
　　收件人地址應寫在右手邊的欄位，左邊一般為書寫信件內容的區塊，若是明信片上未做分欄線，收件人地址一樣是寫在靠右邊的空間，約是貼郵票處的下方。

Data

◎ 郵局網站中文地址英譯：
www.post.gov.tw/post/internet/f_searchzone/index.jsp?ID=190103

Info 書寫範例

☆ 橫式信封

☆ 明信片

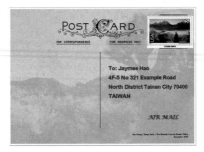

在美開車

美國的行車方向駕駛座位置與台灣相同，加上租車公司多提供自動排檔車，要上路並不困難，但建議花些時間熟悉租來的車輛。儀表板與路標顯示的時速均為英哩，數字看起來較小，需小心勿超速，罰單一般至少都有 $75。美國開車要求必須有保險，雖保費一般來說所費不貲，但非常重要，可

在美開車需要格外留心台美兩地交通規則不同之處

避免在不幸發生事故時需自掏腰包付出巨額賠償，保險可在

租車時加購。務必隨身攜帶國際駕照和第二身分證明文件如護照，保持機警與留心各種標誌。

需特別留意的地方

· 繫好安全帶：未繫安全帶將被罰處高額罰金，嬰幼兒需坐兒童安全椅，12 歲以下兒童禁止坐前座。

· 詳閱車輛租賃合約：確實了解並遵守相關規定，保留一份副本，如遇到爭議時，可以作為憑據。

· 停車標誌：設置有八角形紅色 STOP 標誌路口，不論有無來車，車輛需先完全靜止後方可前進，設有 STOP 標誌的十字路口，禮讓右方來車先行。

· 行人絕對優先：D.C. 法律規定，未設置紅綠燈的斑馬線或穿越道如有行人欲過馬路，車輛必須完全靜止禮讓，若是行人出現在任何的一般道路，原則上仍需禮讓，以免觸法受罰。

· 校車停靠路邊上下學生：見到黃色車體校車閃燈並張開 STOP 標誌，雙向來車均須立即停止等候。

· 警消救護車：遇有緊急車輛從前或後方駛來，立即靠路邊停車或迅速減速讓出道路使其順利通過。

· 紅燈可右轉：除非有特別標示 No Turn on Red（禁止紅燈右轉），右轉時的紅燈等同於 STOP 標誌，車輛需完全停止確認無來車後，方可安全轉彎。

· 警察攔查：遇到臨檢或警車亮燈尾隨時，立即減速停靠路邊，切勿試圖加速擺脫，警察將會稍有距離的停在後方並下車前來盤查。夜間請開車內燈，雙手同時放於方向盤上等候詢問，除非有指示否則不要輕舉妄動或伸手取物。警察會要求駕照、行車執照（租車資料）和保險等證明，再依違規情形開立警告或罰單。

自助加油須知

美國加油站多為自助式，需先付費才可開始加油，停妥車輛於加油機前，自行操作螢幕鍵盤輸入信用卡資料後便可提起油槍。如需入內刷卡或付現時，告知店員加油機編號及欲付金額，完成繳款後即可開始加油。

Info

自助加油 step by step

Step 1 螢幕上選擇付款方式，以信用卡為例。
Step 2 插入卡片後快速拔出，螢幕顯示進行交易授權程序。

Step 1   Step 2

Step 3 選擇要如何種等級的汽油後，便可提起油槍。
Step 4 按住扳機，開始加油，加滿時，油槍會自動跳停。

Step 3   Step 4

Step 5 掛回油槍，拿取收據。

Step 5

停車注意事項

在 D.C. 停車往往令人既困惑又沮喪，除了熱門景點附近車位難尋之外，規定嚴格且繁雜，一不小心就違規受罰。付費的路邊停車格周一至六均有限制時間且必須預先付費。上下班交通尖峰時間大部分主要道路禁止停車，許多區域更標明僅限持有許可證的車輛停放，消防栓與公車停靠處前後嚴禁停車。停車前，務必要仔細了解所有標誌與規定，簡單

D.C. 停車規定多且繁複

的基本判別方式為綠色箭頭指向區域內可以停車，紅色箭頭指向區域禁止停車。

交通標誌圖例說明

完全停止

減速慢行

速限 35 英哩

校區——孩童出現時速限 20 英哩

單行道

行車方向錯誤

腳踏車道

禮讓來車先行

禁止進入

州際公路

鐵路平交道

禁止停車

路面高突

此路不通

改道

緊急應變

緊急聯絡電話

美國

　　遭遇各類緊急危難時立即撥打 911（警察、消防、醫療），為在美國最快速取得救助的方式；非立即攸關生命的急難可尋求位在 D.C. 的駐美國台北經濟文化代表處協助，緊急電話：(202)669-0180。

Data

駐美國台北經濟文化代表處
◎ 地址：4201 Wisconsin Ave. N W, Washington, DC 20016-2137
◎ 電話：(202) 895-1800
◎ E-mail：tecroinfodc@tecro.us

台灣

　　因故無法就近向當地警察局求助或駐外館處取得聯繫時，可親自或透過國內親友與「外交部緊急聯絡中心」聯繫。旅外國人急難救助全球免付費專線：800-0885-0885（您幫幫我、您幫幫我），24 小時服務，台灣境內撥打免付費，海外撥打須加台灣國碼 +886，目前在美國僅限用市話撥打才能接通。

遇到急難時國人可向駐美代表處求援

遇搶遭竊

不幸遭遇搶劫時，務必保持冷靜，盡可能配合要求，不要抵抗或激怒搶匪，暗中記下對方特徵，如種族、年齡、身高、體重、服裝、紋身或疤痕等。若持有武器要脅，留心使用武器的類型，若對方有使用車輛，記下車型、顏色、車號和離去方向，確認安全後，立即撥打 911 報警，並前往最近的警局備案，提供姓名、電話和地址，以便後續聯繫。若投保的旅遊平安險有涵蓋海外急難救助服務，可盡速聯絡取得協助。

遺失護照、機票、重要證件

護照或其他重要證件遺失或被竊，需先向當地警察局報案，並取得報案證明，再憑報案證明就近前往駐美國台北經濟文化代表處補辦護照或核發返國旅行文件。電子機票可於網站上再次列印，如持有的是紙本機票，立即聯絡航空公司或當初訂票的旅行社，但做好可能需重新購票的心理準備。所有旅行文件最好影印數份分別放置，並建議留一份給台灣家人。

二次世界大戰紀念園

Priceline 上標便宜機票、旅館、租車

Priceline.com 是挑戰在美國省錢旅遊必上的網站，無論是買機票、訂房、租車，或是郵輪行程，善用 Priceline 的競標功能常可取得出乎意料的低價，類似拍賣網站的出價方式簡單容易上手。Priceline 有提供非競標的代訂服務，對於想競標的人，這是預先了解該區域有哪些旅館和價位的最佳管道。此外，也可以上 Hotwire.com 或 Orbitz.com 查詢，心中先有個底。

Hotwire.com 可查旅館價位

優點：無需和其他買家競爭，只要出價被提供服務的業者所接受即可。

缺點：得標之前無法獲得完整詳細的資訊，如旅館名、地址，只由星等、城市和所在區域來推斷。

Info

Priceline 競標 step by step

Step 1 進入 Priceline 網站後，填寫資訊，並於下方 name your own price 處點選 bid now。

Step 2 選擇希望區域和星等（由高到低），建議一次選一區，不要全部都勾，因若出價不被接受，再次出價時需要更改設定，價錢可由建議價格的 50％ 或更低開始嘗試（由低到高），通常星等越高的旅館折扣也越高。

Step 3 通常需要反覆更改設定和出價數次才能完成競標，相同的出價條件需要等 24 小時之後才能再用。

Step 4 出價被接受，取得旅館的詳細資料。

Step 5 以 $75 標到定價 $198 的 3.5 星級旅館。

Step 1

Step 2

Step 3

Step 4

Step 5

克里夫蘭公園區著名的瑪麗蓮夢露壁畫

喬治城區壁畫

超強 Google Transit 路線查詢

　　www.google.com/transit 在彈指之間提供迅速精準的路線規劃與旅程時間計算，對於初來乍到新環境或需要搭乘大眾交通工具的旅者非常方便。

　　先輸入起訖點的地址或名稱，再選擇希望抵達，或是預計出發時間，按下 Get directions（取得路線）。

　　Google Transit 便會詳細告知如何前往目的地，以及一路上所需搭乘的交通工具。

輸入起訖地址和預計出發時間

取得詳細的各種交通方式路線規劃建議

免費 D.C. 旅遊 Smart Phone Apps 推薦

由左至右共 12 個免費好用的 Apps：

1.D.C. Way：食衣住行育樂面面俱到，還包括無線上網點、加油站、廁所和免費活動資訊等。

2.D.C. Rider：地鐵路線圖與車站資訊，即時交通新聞，Trip Planner 可協助規劃路線。

3.Eat Shop Play D.C.：以日夜活動區分，提供餐飲、購物、景點、交通等資訊。

智慧型手機軟體讓旅程更輕鬆方便

4.Going out Guide：詳盡完善 D.C. 生活旅遊資訊，專業的評論和建議來自「華盛頓郵報」，非常推薦。

5.Monuments & Memorials：D.C. 所有主要紀念碑和紀念館的簡易基本資訊速查。

6.National Mall and Memorial Parks：國家大草坪區各景點豐富詳實介紹和行程規劃，非常推薦。

7.Smithsonian：史密斯梭尼亞協會官方 App，提供旗下各博物館介紹與活動資訊。

8.Urbanspoon：快速搜尋所在地點附近餐廳及其評價、網友評論。

9.AroundMe：鄰近區域各服務資訊，如餐廳、加油站、銀行、超市、醫院、戲院和天氣等。

10.Spotcycle：提供 Capital Bikeshare 取還車點資訊即時更新，如地點、距離和目前可出借數量。

11.Convert Unit：度量衡轉換工具，迅速換算公制及英制長度、面積、體積及重量等之間的數值。

12.Google Translate：各種語言線上即時翻譯。

　　在 D.C. 尋找免費的無線上網？睜大眼睛留心 Free Wi-Fi 標誌，國家大草坪區、史密斯梭尼亞博物館、杜邦圓環、連鎖書店、大多數的連鎖餐廳和速食店、咖啡廳、公共圖書館都有免費 Hot Spot，查詢免費上網點清單和地圖可上 wifi.dc.gov 或 openwifispots.com。

國家圖書館出版品預行編目資料

華盛頓D.C.自助超簡單 ／ 郝英琪 文‧攝影‧ --
初版. -- 臺北市 ： 華成圖書, 2012. 09
　面 ； 公分. -- (GO簡單系列；G0304)

ISBN 978-986-192-151-8（平裝）

1. 自助旅行 2. 美國華盛頓特區

752. 7239　　　　　　　　　　101012718

GO簡單系列　G0304

華盛頓D.C.自助超簡單

作　　者／郝英琪

出版發行／ 華杏出版機構
　　　　　華成圖書出版股份有限公司
　　　　　www.farreaching.com.tw
　　　　　台北市10059新生南路一段50-2號7樓
　　　　　戶　　名　華成圖書出版股份有限公司
　　　　　郵政劃撥　19590886
　　　　　e-mail　huacheng@farseeing.com.tw
　　　　　電　　話　02　23921167
　　　　　傳　　真　02　23225455
　　　　　華杏網址　www.farseeing.com.tw
　　　　　e-mail　fars@ms6.hinet.net
　　　　　華成創辦人　郭麗群
　　　　　發 行 人　蕭聿雯
　　　　　總 經 理　熊芸
　　　　　法律顧問　蕭雄淋‧陳淑貞

　　　　　總 編 輯　周慧珛
　　　　　企劃主編　蔡承恩
　　　　　企劃編輯　林逸叡
　　　　　執行編輯　張靜怡
　　　　　執行美編　林亞楠
　　　　　印務主任　蔡佩欣

定　　價／以封底定價為準
出版印刷／2012年09月初版1刷
　　　　　2014年09月初版2刷

總 經 銷／知己圖書股份有限公司
　　　　　台中市工業區30路1號　　電話　04-23595819　　傳真　04-23597123

☺ 讀 者 回 函 卡

謝謝您購買此書，為了加強對讀者的服務，請詳細填寫本回函卡，寄回給我們（免貼郵票）或 E-mail至huacheng@farseeing.com. tw給予建議，您即可不定期收到本公司的出版訊息！

您所購買的書名/_____　購買書店名/_____

您的姓名/_____　聯絡電話/_____

您的性別/□男 □女　　　您的生日/西元_____年_____月_____日

您的通訊地址/□□□□□_____

您的電子郵件信箱/_____

您的職業/□學生　□軍公教　□金融　□服務　□資訊　□製造　□自由　□傳播
　　　　　□農漁牧　□家管　□退休　□其他

您的學歷/□國中（含以下）　□高中（職）　□大學（大專）　□研究所（含以上）

您從何處得知本書訊息/（可複選）

□書店　□網路　□報紙　□雜誌　□電視　□廣播　□他人推薦　□其他

您經常的購書習慣/（可複選）

□書店購買　□網路購書　□傳真訂購　□郵政劃撥　□其他_____

您覺得本書價格/□合理　□偏高　□便宜

您對本書的評價（請填代號/ 1.非常滿意 2.滿意 3.尚可 4.不滿意 5.非常不滿意）

封面設計_____　版面編排_____　書名_____　內容_____　文筆_____

您對於讀完本書後感到/□收穫很大　□有點小收穫　□沒有收穫

您會推薦本書給別人嗎/□會　□不會　□不一定

您希望閱讀到什麼類型的書籍/_____

您對本書及我們的建議/

廣　告　回　信
台 北 郵 局 登 記 證
台 北 廣 字 第 0 0 0 5 2 6 號
免 貼 郵 票

華杏出版機構

華成圖書出版股份有限公司　　收

台北市10059新生南路一段50-1號4F　　TEL/02-23921167

（沿線剪下）

（對折黏貼後，即可直接郵寄）

☺ 本公司為求提升品質特別設計這份「讀者回函卡」，懇請惠予意見，幫助我們更上一層樓。感謝您的支持與愛護！

www.farreaching.com.tw　　　請將 G0304 「讀者回函卡」寄回或傳真 (02) 2394-9913